JN445760

영어 명카피 핸드북

LONG LIVE THE LAZY

게으른 자여, 영원하라

영어 명카피 핸드북

김은수 큐레이팅

길벗 이지:톡

매일매일에서 벗어나, 매일.

ESCAPE THE EVERYDAY, EVERY DAY.

Amazon Prime (2025)

안녕하세요, LA에 살고 있는 김은수입니다. 제일기획에서 시작해 10년 넘게 글로벌 광고와 브랜드 커뮤니케이션을 업으로 삼아왔고, 현재는 영어 교육으로 전문성을 넓혀가며 미국에 진출하는 한국 기업의 브랜딩과 카피라이팅을 돕고 있습니다. ESCAPE THE EVERYDAY, EVERY DAY. 제가 특히 좋아하는 카피입니다. 쳇바퀴 도는 일상 속에서 '매일을 다르게 살 수 있다'는 가능성을 보여주기 때문입니다. 변화에 유연한 브랜드인 아마존과도 결이 맞고요. 광고 카피는 때로 한 문장만으로 우리의 가슴을 울리기도 합니다.

세계 최강 자본주의의 나라, 기회의 땅이라고 불리는 미국. 이곳의 광고 카피는 한국과 달리 짧고 직관적입니다. 하지만 결코 단순하지 않습니다. 한 겹 한 겹 뜯어볼수록 브랜드의 정체성,

통쾌한 반전, 뜨거운 감동까지 담고 있기 때문입니다.

미국의 '컬처 코드'가 자연스럽게 녹아있는 광고 카피는 영어 학습 도구로 탁월합니다. 광고의 본질은 결국 사람의 마음을 움직이는 일이니까요. 미국 광고 카피를 통해 '이렇게 말하면 미국인들의 귀에 쏙 들어오는구나' 하는 감각을 익힐 수 있습니다. 베테랑 카피라이터를 벗삼아 미국인의 감각을 배워본다고 생각하면 됩니다.

이 책에서는 다음 질문을 체크리스트 삼아 미국에서 살아남아 오랫동안 회자되고 있는 총 200개의 카피를 선정했습니다. 그리고 카피마다 브랜드의 맥락, 시대, 문화, 전략에 대한 설명을 함께 담았습니다.

- 한 줄만으로도 마음을 흔드는가?
- 브랜드의 철학이나, 사회적 메시지를 담고 있는가?
- 영어 학습과 문화적 뉘앙스를 익히기에 적합한가?
- 읽고 난 뒤에도 오래 기억에 남는가?

그리고 특히 이런 분들에게 유익할 것이라고 생각합니다.

- 영미권 진출을 준비하는 마케터
- 글로 메시지를 전하는 카피라이터, 디자이너, 기획자
- 영어 문장 감각을 키우고 싶은 학습자
- 글로벌 브랜드 언어에 관심있는 일반 독자 분

나아가 이 책을 통해, 아래 것들을 느껴보시길 바랍니다.

- 한 줄 문장이 가지는 힘과 여운
- 영어 표현 속 담긴 컬처 코드
- 브랜드 언어 속 담긴 철학, 단어가 아닌 뉘앙스를 읽는 법
- 문장 너머의 이미지, 영상, 사회 맥락까지 읽는 깊이

이제 다음 페이지부터는 여러분에게 말을 거는 다양한 브랜드를 만나게 될 겁니다. 그들의 한 줄이 여러분의 영어 감각을 깨우고, 영감을 한 스푼 더해주기를 바랍니다. 잠시 여행을 한다는 마음으로 가볍게 즐겨주세요. 책을 덮으며 '한 번 더 열어보고 싶다'는 생각과 기억에 남는 영어 카피 몇 개쯤 떠오른다면, 저는 제 일을 다한 것 같습니다.

김은수 드림

책소개

'미국스러운 카피'는 특징이 뚜렷합니다.

- 짧고 강렬합니다. 자기계발과 동기부여의 문법이 대중문화와 결합해 '짧지만 결코 가볍지 않은 문장'이 됩니다.
- 영상이나 이미지와 함께 작동할 때 최상의 임팩트를 냅니다. 그래서 이 책에는 각 카피에 해당하는 영상이나 이미지를 볼 수 있는 QR코드를 제공합니다.
- 다양한 인종과 문화가 모인 미국 사회는 다양한 정서를 반영합니다. 미국 카피는 '정의'가 아니라 '제안'입니다. 독자 스스로 해석할 여지를 남기며 작동합니다.

이런 이유로 영미권 카피는 번역만으로는 절대 다 담을 수 없습니다. 카피 하나를 온전히 느끼기 위해서는 해설, 이미지, 시대적 배경까지 함께 보아야 합니다. 이 책은 그런 배경까지 제공합니다. 문장을 곱씹고, 해설을 읽고, 다시 문장을 음미해보세요. 그 과정에서 여러분의 감각이 넓어질 것입니다.

다음은 영어 카피 학습자와 실무자를 위한 활용법입니다.

- 나만의 문장을 찾아 필사해보세요. 감정 어조 훈련에 탁월

합니다.

- QR코드로 연결된 영상/이미지를 꼭 함께 보세요. 문장은 전체의 절반일 뿐, 시각적 요소와 결합해 최상의 임팩트를 남깁니다. 글로벌 기업이 즐비한 미국에서 살아남은 아이디어를 음미해보세요.
- 단어를 바꾸어 브랜드 카피나 슬로건에 바로 응용할 수 있습니다. 구조와 정서를 익히면 단어 몇 개만 바꾸어도 나만의 문장이 완성됩니다.

미리 알면 좋은 영어 카피 상식입니다.

- 카피는 회화체입니다. 광고 문장은 쓰기보다는 말하듯 써야 합니다. 단어 선택과 리듬이 일상적인 톤을 따릅니다.
- 문법보다 정서가 중요합니다. 호기심을 유발하고, 리듬감을 주며, 여운을 남기기 위해 내용을 생략하거나 문맥상 맞지 않는 표현을 사용하기도 합니다.
- 시대정신이 담깁니다. 1990년대의 카피와 2020년대의 카피는 결이 다릅니다. 광고는 시대를 반영하는 언어입니다. 연도와 맥락을 함께 보아야 합니다.

그리고 책을 읽기 전 참고해주세요.

◦ 브랜드의 고유 카피가 오랜 기간 사용된 경우에는 1980's처럼 표기하였고, 특정 연도로부터 현재까지 사용되는 경우에는 1980~로 표기하였습니다. 연도 표기의 기준은 해당 영상 또는 이미지가 공개된 시점을 따릅니다.

◦ 본 도서의 QR코드는 브랜드 공식 채널에 공개된 광고 영상 및 이미지로 연결됩니다. 공식 채널의 정책 변경이나 자료 삭제 등으로 인해 링크가 작동하지 않을 수 있으니 양해 부탁드립니다.

◦ 연결되는 모든 영상, 이미지, 상표 및 콘텐츠의 권리는 각 권리자에게 있으며, 본 도서는 영어 학습을 위한 참고용으로만 제공합니다.

차례

Part 01

Possibility

무엇이든 될 수 있어

도전 정신의 나라, 미국에서 가치를 증명한
'가능성'의 카피를 만나보세요.

Part 01

No.001~No.018

QR코드를 찍으면 카피가 소개된 영상이나
이미지를 볼 수 있습니다. 함께 보아야 미국 광고의
임팩트를 느낄 수 있으니 꼭 확인하세요.

No.001

루이 암스트롱 같은 사람은 다시 없을 거라고 했죠

AND THEY SAID THERE WOULD NEVER BE ANOTHER LOUIS ARMSTRONG

United States Postal Service (1999)

★★★★★

there will/would never be ~는 '결코 ~가 없다'라는 뜻으로, 존재를 강하게 부정하는 표현입니다. 카피는 이 구조를 활용해, 전설적인 재즈 아티스트인 '루이 암스트롱 같은 뮤지션은 다시는 없을 것'이라 말하죠. 그런데 이 카피엔 반전이 숨어 있습니다. 문장이 "And they said ~(~라고들 했지)"로 시작하기 때문입니다. 미국 우체국(USPS)이 암스트롱의 초상화를 넣은 기념 우표를 출시했다는 소식을 전하는 광고. 루이 암스트롱 같은 아티스트는 다시 없을 테지만, 우체국이 새롭게 발행하는 우표로 다시 만날 수 있다는 이야기입니다.

No.002

빵에만 갇혀 있지 마

THINK OUTSIDE THE BUN

Taco Bell (2005)

★★★★★

Think outside the box.는 '상자(box) 같은 고정 관념에서 벗어나 새로운 시각으로 창의적으로 생각하라'는 뜻이죠. 미국의 멕시칸 패스트푸드 체인 타코벨의 카피는 여기서 box를, 동일하게 알파벳 b로 시작하는 세 글자 단어 bun으로 바꿉니다. bun은 핫도그나 햄버거에 쓰이는 빵인데 타코벨에서는 이 bun 대신, 바삭한 타코 쉘(taco shell)이나 전병 같은 토르티야(tortilla)로 타코와 부리토 같은 멕시칸 음식을 만들죠. 패스트푸드 하면 자연스럽게 '햄버거'를 떠올리는 미국인들에게, '빵(bun)'에만 갇힌 생각에서 벗어나자는 제안으로 패스트푸드의 새로운 가능성을 보여줍니다.

No.003

인생에도 비자 됩니다

LIFE TAKES VISA

Visa (2007)

★★★★★

과거에는 매장마다 쓸 수 있는 신용 카드가 달라서 결제 전에 "Do you take Visa?(비자카드 되죠?)"라고 묻곤 했습니다. 카피는 이 표현을 활용해서 가게뿐 아니라 인생에서도, 비자카드는 '된다'고 말합니다. '비자카드 = 가능성'이라는 공식을 통해, 배우고 사랑하고 도전하는 인생의 순간들을 비자카드가 가능하게 한다는 메시지를 전하죠. 125번에서 소개할 마스터카드가 '가격으로 매길 수 없는 소중한 가치(priceless)'를 말하는 것과도 같은 맥락입니다. 두 회사 모두 카드를 단순한 결제 수단으로 바라보기보다는, 소비를 통해 더욱 풍부해지는 삶을 이야기합니다.

No.004

내 집 마련의 꿈은 누구나 꿀 수 있어요.
그 꿈, 소유하세요.

EVERYONE DESERVES THEIR SHOT AT THE AMERICAN DREAM. OWN THE DREAM.

Rocket Mortgage, LLC (2025)

★★★★★

많은 미국인들에게 집을 사는 일은 가족을 위한 안정된 삶의 터전을 일궈가는 일종의 '아메리칸 드림'입니다. 미국 주택담보대출 회사 로켓 모기지의 광고는 사람들이 저마다의 방식으로 그 꿈에 다가가는 모습을 보여줍니다. 아기를 목욕시키는 초보 아빠, 가족 앞에서 노래를 부르는 아이들, 고향으로 돌아오는 군인의 모습이 스쳐가죠. Everyone deserves a shot.은 '누구나 기회를 얻을 자격이 있다'라는 뜻입니다. 이어지는 own은 '소유하다'의 의미로, 카피는 집을 실제로 소유하는 일을 '아메리칸 드림'이 실현되는 순간으로 그려냅니다.

No.005

뱅뱅 돌다 보면 잘나가게 될 거야

RUNNING AROUND IN CIRCLES CAN GET YOU PLACES

Clif Bar (2025)

★★★★★

'헛수고하다'라는 말을 영어로는 run around in circles라고 합니다. 같은 자리를 뱅뱅 돈다는 거죠. 하지만 운동선수들은 매일같이 동그란 트랙을 따라 달리며 체력을 단련합니다. 아이러니하게도, 이런 반복적인 행위(running around circles)를 통해서만이 강하고 빨라집니다. 미국의 에너지바 브랜드인 클리프바는 이처럼 같은 자리를 뱅뱅 도는 것이 너를 'get you places'한다고 말합니다. 'get + 사람 + places'는 '~를 ~로 데려다주다'라는 뜻인데, 카피에서는 꾸준한 연습이 '네가 목표하는 곳으로 데려다준다'는 메시지를 전달합니다.

No.006

평생을 함께할 견고함

BUILT FOR LIFE

Stanley (2021)

★★★★★

100년이 넘는 역사를 가진 스탠리는 최근 미국에서 불고 있는 텀블러 열풍의 주역입니다. 차가 불에 타는 와중에도 얼음이 동동 뜬 채 살아남은 스탠리 텀블러의 영상은 내구성에 대한 신뢰를 단숨에 높였죠. 각종 색상의 리미티드 에디션은 '작은 사치(affordable luxury)'이자 건강한 라이프 스타일을 상징하는 패션 아이템이기도 합니다. 카피는 이런 스탠리의 속성인 내구성(durability)과 라이프 스타일을 모두 담습니다. for life는 '평생토록'이란 뜻으로, '오래가도록 만들었다'라는 의미죠. 동시에 for life는 '당신의 삶을 위해 만들었다'라는 뜻도 가집니다.

No.007

자유로이 움직일 수 있을 때 불가능은 없어요

WHEN WE ARE FREE TO MOVE, ANYTHING IS POSSIBLE

Toyota (2018)

★★★★★

캐나다의 스키 선수 로렌 울스텐크로프트(Lauren Woolstencroft)는 왼쪽 팔과 두 다리에 장애를 가지고 태어났지만, 끈질긴 노력으로 패럴림픽 스키 금메달 8관왕에 오릅니다. 토요타는 이러한 로렌의 이야기를 전하며 '움직이는 순간, 불가능이란 없다'는 메시지를 전합니다. 차의 속성인 움직임(movement)을 가능성(possibility)이라는 보다 큰 가치로 펼쳐내며, 토요타를 단순히 자동차를 만드는 기업이 아닌, 앞으로 나아가려는 모든 이들의 브랜드가 되게 합니다. 카피 속 '무엇이든 가능하다'란 의미로 쓰인 Anything is possible.은 미국에서 도전과 희망을 이야기할 때 자주 사용되는 표현입니다.

No.008

나랑 손잡고 밖으로 나가볼래?

WILL YOU GO OUT WITH ME

REI (2016)

★★★★★

"나랑 사귈래?" 쉽게 꺼내기 어려운 말이죠. 영어로 '사귀다'를 좀 더 캐주얼하게 표현하는 말이 go out입니다. 원래는 '밖으로 나가다', '외출하다'라는 뜻인데, 로맨틱한 문맥에서는 '~와 데이트하다', '~와 사귀다'라는 뜻으로 쓰기도 합니다. 아웃도어 브랜드 레이(REI)는 이 표현을 빌려 '나랑 나가자'고 제안합니다. 대자연을 누비며 캠핑도 하고, 하이킹도 하자고 말입니다. 누군가와의 첫 만남 같은 설렘을, 자연 속에서 느껴보자고 말하는 카피. go out을 '사귀다'라는 뜻으로 생각하는 사람들에게는 데이트 신청처럼 들릴 수도 있을 것 같습니다.

No.009

매일매일에서 벗어나, 매일

ESCAPE THE EVERYDAY, EVERY DAY

Amazon Prime (2025)

★★★★★

everyday는 '매일의'란 뜻의 형용사인데, 카피처럼 the everyday라고 쓰면 '매일 반복하는 일상'이란 뜻의 명사가 됩니다. 반면 every day처럼 띄어쓰면 '매일같이'라는 부사가 되죠. OTT 서비스 아마존 프라임은 이렇게 작은 차이로 다른 의미를 가지는 everyday와 every day를 하나의 카피 속에 녹여냅니다. 프라임의 콘텐츠를 보다 보면 반복적인 일상(everyday)에서 매일같이(every day) 벗어날 수 있다는 메시지를 전하죠. 띄어쓰기 하나로 달라지는 단어의 의미를 활용하여, 잠시 현실을 잊고 빠져들 다양한 스토리들이 준비되어 있다는 초대장을 건넵니다.

No.010

해내는 사람은, 더 많이 해냅니다

HOW DOERS GET MORE DONE

Home Depot (2019)

★★★★★

홈디포는 주택 수리와 건축에 필요한 자재를 파는 대형 슈퍼마켓입니다. 페인트와 목재는 물론, 각종 공구와 정원용품까지 두루 갖추고 있어 'DIY의 천국'이라 불리죠. 광고는 It's a good time to be a doer.라는 문장으로 시작합니다. 'doer가 되기에 좋은 시대'라는 뜻인데, 여기서 doer는 do에 사람을 나타내는 접미사 -er를 붙여 '행동하는 사람'을 뜻합니다. 광고 속 사람들은 홈디포 앱(app)으로 쉽게 견적을 내고, 물건을 찾고, 배달까지 시킵니다. '실천하는 사람(doer)'들을 위한 홈디포에선 무언가를 해내는 일이 그 어느 때보다 쉬워졌음을 알립니다.

No.011

목표를 '좇는다'고 말하는 데는 이유가 있어.
좇아가 쟁취해야만 하니까.

IT'S CALLED CHASING YOUR GOALS FOR A REASON. YOU GOTTA GO GET IT.

Beats by Dre (2024)

★★★★★

get it은 '무언가를 손에 넣다'와 '무슨 말인지 이해하다'라는 두 가지 의미를 가집니다. 그래서 Go get it.은 '가서 쟁취하라', I get it.은 '무슨 말인지 알겠어'가 되죠. 영상은 오타니 쇼헤이, 르브론 제임스, 세리나 윌리엄스 등의 유명 선수들이 모두 Beats 헤드셋을 쓰고 음악을 들으며 훈련하는 모습을 보여줍니다. 그러면서 '목표(goals)를 쟁취하라(get it)'고 말하죠. 이어지는 Athletes get it.은 '선수라면 무슨 뜻인지 알지'라는 의미로 쓰입니다. 재미있는 건 이때 it을 Beats 제품으로 읽으면 '선수들은 Beats 제품을 가지고 있지'라는 뜻도 된다는 점입니다.

No.012

뜻이 있는 곳이라면 윌슨이 있습니다

WHERE THERE'S A WILL THERE'S WILSON

Wilson (1987)

★★★★★

'뜻이 있는 곳에 길이 있다'라는 말이 있죠. 이를 영어로는 Where there's a will, there's a way.라고 합니다. 여기서 will은 조동사가 아니라 '의지'라는 뜻의 명사입니다. 스포츠용품 회사 윌슨은 a way를 Wilson으로 바꿔 '뜻이 있는 곳에 윌슨이 있다'라는 카피를 만들어냅니다. way와 Wilson의 발음이 비슷하니 브랜드 이름이 자연스럽게 녹아들죠. 테니스 레전드 잭 크레이머가 등장하는 광고는, '자신과의 싸움★'이라고도 불리는 테니스 경기에서 강한 의지(will)를 가지고 나아가고자 할 때, 윌슨(Wilson)이 길(way)을 보여주겠다는 메시지를 전합니다.

★ 테니스는 경기 중 코칭이 제한되고 실수와 흐름을 스스로 통제해야 하는 스포츠라 이 표현이 특히 자주 쓰입니다.

No.013

벽은 오르라고 있는 거야

WALLS ARE MEANT FOR CLIMBING

The North Face (2019)

★★★★★

광고는 말합니다. “Since 1966, we have viewed walls not as obstacles but as opportunities.(1966년부터 우리는 벽을 장애물이 아니라 가능성으로 보아왔습니다)” 이는 단순한 내레이션이 아닌, 노스페이스의 브랜드 철학을 압축한 문장이죠. 카피 속 ‘벽(walls)’은 단순한 암벽을 넘어 더 넓은 의미를 전하기 위해 쓰였습니다. 세상에 존재하는 다양한 ‘벽’을 넘는 과정을 통해 사람들이 함께 연대하고 이해하는 기회가 생긴다는 말이죠. be meant for는 ‘~하기 위해 존재하다’라는 뜻인데, 카피에서는 ‘벽은 함께 오르고 넘도록 존재한다’는 의미로 해석됩니다.

No.014

집에서도 매일이 외식

EAT OUT EVERY NIGHT

Weber (2000)

★★★★★

eat out을 단어 그대로 직역하면 '밖에서 먹다'라는 뜻입니다. 회화에서는 '외식하다'라는 뜻으로, '집에서 먹다'란 의미인 eat in의 반대말로 쓰이죠. 바비큐 그릴 브랜드 웨버는 eat out의 이중적인 뜻을 재미있게 풀어냅니다. 미국에선 주로 집 뒷마당에 바비큐 그릴을 두고 사용하기에, 웨버 그릴로 집 밖에서(out) 고기를 구워 먹으면(eat) 마치 외식하는(eat out) 느낌이 난다는 거죠. 굳이 밖에서 비싼 돈 내고 외식하지 말고 '뒷마당 레스토랑'에서 식사하자는 카피. 웨버와 함께라면 매일 외식하는 기분을 낼 수 있다고 말하고 있습니다.

No.015

이름만큼, 저렴하게

DRESS FOR LESS

Ross Dress for Less (1982)

★★★★★

로스(Ross)는 제조사나 백화점의 브랜드 상품을 저렴하게 들여와 할인가로 판매하는 곳입니다. 대개 Ross라고 부르지만, 정식 이름은 Ross Dress for Less입니다. dress는 '옷'이라는 명사이면서 '옷을 입히다'라는 동사이기도 하죠. 여기에 '적은 비용으로'라는 의미의 for less가 더해지며 '저렴하게 옷을 입을 수 있는 곳, 로스'라는 의미가 됩니다. Ross Dress for Less를 소리 내어 읽어보면 -ss로 끝나는 단어들이 이어지며 리듬감이 생깁니다. 이름을 부르는 것만으로도 로스의 핵심 가치가 각인되도록 해주죠.

No.016

건강이 곧 재산입니다

HEALTH IS WEALTH

Pressed (2025)

★★★★★

요즘 미국에선 말차, 케일주스와 같은 '초록색' 음료가 대세입니다. LA에서 시작한 착즙 주스 브랜드 프레스드는 이런 '그린 웰빙' 트렌드의 중심에 서 있죠. 인공 첨가물 없이 과일과 채소를 그대로 짜내 '난 이렇게 건강을 생각하는 사람'이라는 일종의 status symbol(사회적 지위의 상징)까지 보여줍니다. 카피 속 발음이 비슷한 health는 '건강'을, wealth는 '부유함'을 의미합니다. 부(wealth)에 관심이 많은 미국인들의 눈길을 사로잡는 카피. 건강을 챙기는 일이 결국 가장 큰 재산이라는 의미를 담고 있습니다.

No.017

비행 속 스며든 하와이

HAWAII FLIES WITH US

Hawaiian Airlines (2023)

★★★★★

하와이안항공을 타면 비행기 안에서도 마치 하와이에 있는 것 같은 기분을 느낄 수 있습니다. 기내 음악, 기내식, 승무원의 복장까지, 비행의 모든 순간에 하와이를 녹여냈기 때문이죠. 단순히 목적지에 데려다주는 것을 넘어, 비행 그 자체를 하와이를 방문하는 경험으로 만들어줍니다. 이런 점을 강조하는 카피는 비행(fly)의 행위를 '하와이와 함께하는 시간'으로 인식하게 합니다. 최근에는 "Fly with us into the future.(우리와 함께 미래로 날아가세요)"로 카피를 확장하며, fly(비행하다)를 브랜드 경험 전반을 아우르는 키워드로 다시 한번 발전시켰습니다.

No.018

놀 땐 거침없이, 쉴 땐 편안하게

PLAY HARD.
LIVE COMFORTABLY.

Crocs (2007)

★★★★★

Work hard, play hard.는 '일할 때도 열심히, 놀 때도 열심히'라는 뜻으로, 일뿐만 아니라 노는 것도 똑부러지게 잘하자는 의미입니다. 여기서 쓰인 hard는 '어렵게'라는 뜻이 아니라 '열심히', '거침없이'를 뜻합니다. 이 표현과 같은 구조를 가져가는 크록스의 카피는 앞의 Play hard.로 활동성을, 뒤의 Live comfortably.로 편안함을 강조합니다. 2000년대 크록스는 미국 스포츠 리그와의 라이선스를 통해 소비층을 넓혀나갔죠. 편안함을 찾는 사람들은 물론, 액티브한 라이프 스타일을 즐기는 소비자들까지 아우를 수 있는 브랜드임을 보여줬습니다.

Part 02

Empowerment

내 안의 힘을 믿어

'할 수 있다'는 확신을 전하는 카피들이
당신에게 용기를 건넵니다.

Part 02

No.019~No.036

QR코드를 찍으면 카피가 소개된 영상이나
이미지를 볼 수 있습니다. 함께 보아야 미국 광고의
임팩트를 느낄 수 있으니 꼭 확인하세요.

No.019

삶을 멋지게 하는 건 우리가 아니라 당신입니다

WE DON'T MAKE LIFE GOOD. YOU DO.

LG (2024)

★★★★★

LG는 글로벌 시장에 진출하며 LG의 약자를 딴 'Life's Good'이라는 슬로건을 선보입니다. LG의 가전제품과 함께라면 하루하루의 삶이 좋아질 거라는 메시지는 전 세계에 LG를 각인시켰죠. 그런데 이번 카피는 LG의 슬로건을 뒤집는 "We don't make life good.(우리는 삶을 좋게 만들지 않습니다)"으로 시작합니다. 반전은 마지막에 있죠. 좋은 삶을 만드는 건 우리 LG 제품(we)이 아닌, 바로 당신(you)이라는 말입니다. 사람 중심(people-centric) 브랜드 철학이 주목받는 요즘, 오리지널 슬로건을 오마주하며 기술을 넘어 사람을 포용하는 메시지를 전합니다.

No.020

세상에 당신을 남기세요

LEAVE YOUR MARK

Montblanc (2024)

★★★★★

고급 필기구 하면 떠오르는 브랜드, 몽블랑. 몽블랑의 대표 만년필 마이스터스튁(Meisterstück)은 '걸작(masterpiece)'이라는 뜻의 이름처럼 많은 작가들의 사랑을 받아왔습니다. 그런 마이스터스튁의 탄생 100주년을 기념해 제작된 광고는, 영화 〈그랜드 부다페스트 호텔〉의 웨스 앤더슨(Wes Anderson) 감독이 연출하고 직접 출연까지 합니다. 감독 특유의 미장센과 유머를 담아 한 편의 영화 같은 광고가 완성되었죠. mark는 '흔적'이라는 뜻이지만, 카피에서는 '중대한 업적'도 의미합니다. 만년필로 쓴 글로 '흔적을 남기는' 것을 넘어, '글로 세상에 발자취를 남기라'는 메세지를 전하죠.

No.021

어제, 열세 살 소녀였던 캐시.
오늘, 열세 살의 여성이 되었습니다.

YESTERDAY, CATHY WAS A GIRL OF 13. TODAY, SHE'S A 13-YEAR-OLD WOMAN.

Tampax (1981)

★★★★★

브리트니 스피어스의 노래 〈I'm Not a Girl, Not Yet a Woman〉에는 '난 더 이상 소녀는 아니지만 아직 어른도 아니야'라는 가사가 나옵니다. 이처럼 미성년자가 성인이 되어가는 전환기를 coming-of-age라고 합니다. 첫 월경은 소녀(girl)가 여성(woman)이 되며 겪는 중요한 통과의례 중 하나죠. 미국의 탐폰 브랜드 탐팩스의 광고는 평범한 13살 소녀 캐시를 소개하며, 그런 캐시가 다름 아닌 오늘부로 여성(woman)이 되었다고 말합니다. 당시에는 조심스러운 주제였던 월경을 담담하게 비추며, 이제 '1일 차' 여성이 된 캐시를 포함한 모든 여성들의 당당한 삶을 응원하는 메시지를 담았습니다.

No.022

대부분의 영웅은 이름이 없습니다

MOST HEROES ARE ANONYMOUS

Nike (1994)

★★★★★

나이키의 유명한 슬로건 Just do it을 만든 카피라이터 댄 와이든(Dan Wieden). 그가 이번에는 '진정한 영웅은 우리 주변에 숨어 있다'는 메시지를 전합니다. 여기서 anonymous는 '익명의', '이름이 드러나지 않은'이라는 뜻입니다. 광고는 해가 어스름히 비치는 새벽, 고층 빌딩 사이를 뚫고 유유히 달리는 러너의 모습을 보여줍니다. 무거운 몸을 일으켜 새벽 공기를 가르는 러너의 땀방울이 느껴지는 듯하죠. 이처럼 이름이 알려지지 않은 '숨은 영웅'들에게 찬사를 보내는 광고. 자신과의 싸움을 이겨내는 그들의 모습 속에 깃든 나이키의 정신을 전합니다.

No.023

그저 인간일 뿐이지만, 그걸로 충분합니다

BECAUSE ALTHOUGH WE'RE ONLY HUMAN, THAT'S MORE THAN ENOUGH

Dove Chocolate (2010)

★★★★★

감미로운 맛으로 알려진 도브 초콜릿의 광고는 완벽하려고 애쓰는 사람들에게 초콜릿 한 조각을 음미하는 여유 정도는 가져보자고 제안합니다. 비록 우린 '인간일 뿐이지만(We're only human)', 그것만으로도 '충분하다(That's more than enough)'는 위로를 건네며 말이죠. 너무 높은 잣대를 세우고 힘들어하는 친구가 있다면, "We're only human.(사람인데 그럴 수 있지, 뭐 어때?)"이라고 위로해 보세요. 살다 보면 실수도 하고 한계에 부딪치기도 하지만, 그게 인간을 인간답게 만들어주는 것일 테니 말입니다.

No.024

타고난 걸까? 메이블린일까?

MAYBE SHE'S BORN WITH IT. MAYBE IT'S MAYBELLINE.

Maybelline (1991)

★★★★★

"She's born with it.(타고났어)"이라니 미인에게 이만한 칭찬이 있을까요. 원래부터 '내 것인 듯' 너무 자연스러워서 사람들이 '타고난 건가?' 궁금해할 거라고 말하는 미국 화장품 메이블린의 카피. 1990년대를 풍미한 이 카피는 최근 틱톡에서 리바이벌되며 노스탤지어(nostalgia)★ 마케팅으로 주목을 받기도 했습니다. Maybe와 Maybelline 모두 [메이브] 발음으로 시작하는데, 이렇게 첫머리에 비슷한 소리를 반복해 운율을 만드는 걸 두운법(alliteration)이라고 하죠. 두 문장의 구조와 길이까지 거의 일치해 기억하기 쉬운 카피입니다.

★ 옛날을 그리워하는 마음, 향수

No.025

적어도 인생의 몇 가지는 뜻대로 되어야죠

AT LEAST SOME PART OF YOUR LIFE SHOULD BE ON YOUR OWN TERMS

Lotus (1983)

★★★★★

미국의 자동차 광고 끝부분에는 Terms and conditions apply.라는 문구가 자주 등장합니다. '모든 조건은 약관에 따라 달라질 수 있다'란 뜻으로, 이때 terms는 '계약 조건들'을 의미합니다. 그런데 이 terms를 on one's own terms라고 쓰면 '원하는 대로'라는 의미가 됩니다. 영국의 스포츠카 브랜드 로터스는 이러한 두 가지 의미를 엮어냅니다. 로터스를 타고 달릴 때만큼은 인생을 '내 뜻대로' 사는 듯한 해방감을 느낄 수 있다고 말하면서, 동시에 terms의 다른 뜻인 '계약 조건'까지도 원하는 대로 할 수 있다는 것을 암시합니다.

No.026

어쩌면 변명일지 몰라

MAYBE YOU'RE JUST MAKING EXCUSES

Jordan (2008)

★★★★★

광고는 "Maybe it's my fault.(내 잘못일 수도 있어)"라는 마이클 조던의 뜻밖의 사과로 시작합니다. 농구가 쉬웠던 적은 단 한 번도 없었다고, 자신은 타고난 '농구의 신'이 아니라 매일의 훈련으로 다져진 성실한 사람이라 고백하죠. 다만 잘못한 게 있다면, 사람들이 조던은 손쉽게 최고가 되었다고 착각하게 만든 것이라고 말입니다. 조던의 독백 중 "… or maybe you're just making excuses."에 나오는 표현 make excuses는 '변명하다'라는 뜻입니다. 카피는 노력도 안 해보고 안 될 거라며 '변명의 벽' 뒤에 숨지 말라는 메시지를 전합니다.

No.027

네 몸이 네 몸 하게 해줘

LET YOUR BODY BODY

Dove (2025)

★★★★★

영어에도 '누구가 누구했네'처럼 반복을 활용한 표현이 있습니다. 바디용품 브랜드 도브의 카피 "Let your body body"가 그런 예죠. 앞의 body는 '몸'을, 뒤의 body는 '몸답게 움직이다'라는 의미로 쓰였습니다. 같은 단어를 나란히 배치해 시선을 끌면서 body의 의미까지 곱씹어보게 합니다. 광고 속, 도브의 데오도란트로 냄새 걱정에서 자유로워진 사람들은 춤추고 노래하며 정말 '몸이 몸 하는 대로' 두고 있습니다. 마지막에 등장하는 카피 "Let's change beauty(미의 기준을 바꾸자)"는 '있는 그대로의 아름다움'을 추구해온 도브의 신념을 담고 있습니다.

No.028

진정한 신의 직장

DREAM JOB

Google (2025)

★★★★★

미국에서는 풀타임으로 아이를 돌보는 부모를 stay-at-home mom 혹은 stay-at-home dad라고 부릅니다. 광고 속 stay-at-home dad는 아이를 다 키운 뒤 다시 일을 시작하기 위해 면접 연습을 하고 있습니다. 그의 면접 파트너는 다름 아닌 구글의 AI 제미나이(Gemini). "Tell me about the job that taught you the most.(당신에게 가장 많은 가르침을 준 직업에 대해 말해보세요)"라는 질문에, 아빠의 머릿속에는 수많은 '육아'의 순간들이 스쳐지나갑니다. 모두 인내와 성장으로 채워진 시간들이죠. '꿈의 직장'을 뜻하는 dream job. 어쩌면 가족과 함께한 시간이야말로 진정한 dream job일지도 모른다는 여운을 남깁니다.

No.029

그만 미안해하자

SORRY, NOT SORRY

Pantene (2014)

★★★★★

광고는 "Why are women always apologizing?(왜 여성들은 항상 사과를 하는 거죠?)"이라는 질문으로 시작합니다. 이어서 여성들이 습관적으로 Sorry라고 하는 장면들이 이어집니다. Sorry는 종종 Excuse me(실례합니다)처럼 말머리로 쓰이는데, 광고 속 여성들은 의견을 낼 때나 단순한 질문을 할 때조차 Sorry로 말을 시작합니다. 그런데 Sorry를 빼면 어떨까요? 단어 하나 빠졌을 뿐인데, 훨씬 당당하게 들립니다. '미안할 필요 없다'며 자신감 넘치는 하루를 독려하는 팬틴 샴푸 광고. '탄력 있고 윤기 나는 머릿결(strong, shiny hair)'과 '강인하고 빛나는(strong, shine) 당신'을 동시에 담은 해시태그 #ShineStrong도 인상적입니다.

No.030

왕관을 쟁취하세요

REACH FOR THE CROWN

Rolex (2025)

★★★★★

명품 시계 롤렉스의 로고는 럭셔리와 승리를 상징하는 왕관(crown)입니다. 롤렉스는 이 '왕관'의 의미를 각자의 분야에서 정상에 오른 인물들과 함께 확장해왔습니다. 배우 레오나르도 디카프리오, 테니스의 황제 로저 페더러처럼 자신의 분야를 대표하는 인물들을 앰배서더로 발탁해서 '왕관을 가진 자의 시계'라는 이미지를 구축해왔죠. '왕관을 쟁취하라'는 이번 카피 또한 로고의 의미를 이어받아 최정상에 오르라는 메시지를 전합니다. 이때 crown은 왕관으로 상징되는 롤렉스를 뜻하기도 하기에, 카피는 '롤렉스를 소유하라'는 의미로도 읽힐 수 있습니다.

No.031

멋지게, 여자아이처럼

LIKE A GIRL

Always (2015)

★★★★★

카메라 앞에 한 젊은 여성이 서 있습니다. 감독이 "Run like a girl.(여자애처럼 달려봐요)"이라고 말하자, 그녀는 팔을 어색하게 흔들며 힘없이 달립니다. 다른 사람들도 무언가를 like a girl(여자애처럼) 해보라는 말에 모두 '어설픈' 시늉을 하죠. 그런데 여자아이들에게 같은 말을 건네면 어떨까요? 아이들은 전력 질주를 하고, 힘껏 공을 던집니다. 아이들만큼은 '여성'이라는 것을 핸디캡으로 여기지 않죠. 더 이상 여성이라는 이유로 움츠러들지 말자고 말하는 여성 위생용품 브랜드 올웨이즈. Let's make 'like a girl' mean amazing things.('여자애처럼'을 멋진 것으로 만들자)라는 메시지를 전합니다.

No.032

팸이 깔끔하게 해내도록 도와줘

PAM HELPS YOU PULL IT OFF

PAM (2010)

★★★★★

요리할 때 프라이팬이나 머핀 틀에 음식이 달라붙으면 떼어내기 번거롭죠. 미국의 대표적인 쿠킹 오일 스프레이 팸은 이런 불편을 덜어줍니다. 카피 속 pull it off는 중의적인 의미를 가지고 있습니다. pull off는 '떼어내다'라는 뜻으로, 프라이팬에서 조리하는 음식이 매끈하게 떨어지는 모습을 떠올리게 하죠. 하지만 pull off는 '일을 잘 해내다'의 의미도 있습니다. 새로운 레시피에 도전하거나 가족을 위해 식사를 준비하는 일은 분명한 성취입니다. 그 지점을 건드리는 카피는, 팸이 편의를 넘어 성취의 순간을 돕는다는 메시지를 전합니다.

No.033

빼면 무엇을 얻을 수 있을까

WHAT WILL YOU GAIN WHEN YOU LOSE

Special K (2011)

★★★★★

미국 켈로그사(Kellogg's)의 대표 다이어트 시리얼 스페셜 K는 체중 감량보다는 건강한 라이프 스타일을 제시하는 방향으로 시선을 돌립니다. 카피는 빼는 것(lose)보다 건강한 삶 속에서 얻는 것(gain)에 주목합니다. 동시에 반의어인 lose와 gain을 대비시켜 의미를 극대화하죠. 영어로 '살을 빼다'를 lose weight라고 하기에, 문장 끝의 lose를 보면 자연스레 weight를 떠올리기 마련입니다. 하지만 카피는 그보다는 에너지와 자신감처럼 새로이 '얻는' 것들에 집중합니다. 다이어트가 상징하는 결핍보다는 회복에 초점을 맞추고 있죠.

No.034

드디어 내 사이즈의 시대가 왔어

MY SIZE HAS COME

Just My Size (2002)

★★★★★

36-24-36. 한때 미국에서 여성의 완벽한 몸매를 상징하던, 가슴-허리-엉덩이의 인치 사이즈입니다. 하지만 미의 기준이 하나일 수 없다는 인식이 확산되며, 실제 미국인의 체형에 가까운 모델들이 광고에 등장하기 시작합니다. 여성복 브랜드 저스트 마이 사이즈의 광고 속 플러스 사이즈 모델은 당당하게 말합니다. "I am a 49-million-woman majority.(나는 4,900만 명의 여성을 대표합니다)"라고요. '드디어 나의 시대가 왔다'는 뜻의 My time has come.에서 time을 size로 바꾼 카피는 드디어 '나'다움을 드러낼 수 있는 시대가 왔다고 외치고 있습니다.

No.035

난 소중하니까

BECAUSE I'M WORTH IT

Loreal (1971)

★★★★★

이 카피가 처음 등장한 1970년대에는 여성의 아름다움이 '누군가에게 보여지기 위한 것'이라는 인식이 컸습니다. 하지만 로레알은 아름다움은 남이 아니라 '나 자신'을 위한 것이라는 메시지를 던집니다. be worth it은 '가치가 있다'라는 뜻입니다. 앞에 '나'를 주어로 놓는 이 카피는 '난 그만한 가치가 있어'라는 의미가 되겠죠. 한국에서는 이 카피가 '난 소중하니까'로 번역되어 쓰였습니다. 영어 버전('난 그만한 가치가 있어')이 자기 확신에 가깝다면, 한국어 버전('난 소중하니까')은 조금 더 따뜻하게, 언어와 문화에 따라 다른 울림을 전합니다.

No.036

일찍 일어난 당신에게 최고의 딜을

WAKING UP EARLY IS A BIG DEAL

McDonald's (2025)

★★★★★

영어로 크게 성공한 사람을 가리키며 "He's a big deal.(그 사람 거물이야)"이라고 하죠. 이처럼 big deal은 '대단한 일' 혹은 '대단한 사람'을 뜻합니다. 맥도날드는 이 표현을 출근길 도로 한복판의 거대한 옥외 광고판에 올려놓으며, '오늘도 일찍 일어난 당신, 정말 대단합니다'라고 응원하죠. 흥미로운 건 big deal이 '특가 상품'이란 뜻도 있어, '일찍 일어나면 맥모닝을 합리적인 가격에 즐길 수 있다'는 메시지도 된다는 점입니다. 거기다 big이라는 단어는 자연스럽게 맥도날드의 대표 메뉴인 빅맥(Big Mac)까지도 떠올리게 하죠.

Part 03

Innovation

앞선 생각, 발전과 혁신

미국 기업들의 도전 정신을

카피로 느껴보세요.

Part 03

No.037~No.054

QR코드를 찍으면 카피가 소개된 영상이나
이미지를 볼 수 있습니다. 함께 보아야 미국 광고의
임팩트를 느낄 수 있으니 꼭 확인하세요.

No.037

이미 좋아도 그대로 둘 순 없었습니다

WE JUST COULDN'T LEAVE WELL ENOUGH ALONE

Toyota Camry (1992)

★★★★★

"Leave me alone!"을 외치며 방문을 쾅 닫는 미국 십 대들의 모습, 영화에서 한 번쯤 보셨을 겁니다. 여기서 Leave (me) alone.은 '혼자 둬'가 아니라 '나를 좀 내버려둬'라는 뜻입니다. 토요타의 세단 캠리는 다양한 언론과 기관에서 받은 찬사를 나열하며 마지막에 이 카피를 놓습니다. 도대체 캠리는 무엇을 가만히 두지 못했을까요? 바로 well enough, 즉 '충분히 좋은 것'입니다. '좋은 게 좋은 거지'라는 태도로 안주하지 않았다는 자부심이 담긴 카피. just couldn't ~는 '그냥 ~할 수 없었다'란 뜻으로, 토요타에게 혁신은 필수적이라는 사명감을 보여줍니다.

No.038

아이맥을 테이크아웃하세요

iMAC TO GO

Apple iBook (1999)

★★★★★

매장에서 음식을 먹지 않고 포장해 갈 때 '테이크아웃' 외에도 to go라는 표현을 씁니다. 매장에서 먹겠다는 뜻의 for here과 함께 "Here, or to-go?"라고 물으면 '여기서 드시나요, 싸 가시나요?'가 되죠. 데스크탑 컴퓨터가 전성기이던 90년대, 애플은 들고 다닐 만큼 가벼운 노트북인 아이북(iBook)을 선보입니다. 그리고 이 노트북을 데스크탑 아이맥(iMac)을 포장해 들고 다닐 수 있는 'to go 버전'처럼 소개하죠. 일반 데스크탑과 다를 바 없이 뛰어난 성능이지만, 햄버거처럼 간편하게 어디든 들고 다닐 수 있다는 점을 보여줍니다.

No.039

재 듀라셀 단 거 아냐?

HE RUNS LIKE HE'S ON DURACELL

Duracell (1991)

★★★★★

be on something(뭐 한 거 같아)은 누군가 갑자기 능력 밖의 행동을 하거나 놀라운 모습을 보일 때 쓰는 표현입니다. 농담처럼 '약이라도 한 것 같다'는 말이죠. 건전지 브랜드 듀라셀은 이 표현을 이용해 "재 듀라셀 단 거 아냐?(~ like he's on Duracell)"라고 말합니다. 광고는 애니메이션 루니 툰(Looney Tunes)의 쉬지 않고 달리는 캐릭터인 로드 러너(Road Runner)를 보여주며, 지치지 않고 질주하는 게 마치 듀라셀 건전지를 단 것 같다고 말합니다. run은 '달리다'란 뜻 외에 '오래 버티다'란 의미도 있어, 듀라셀을 오래가는 건전지로 상징해줍니다.

No.040

지나가는 모든 감동의 순간을 담도록

BECAUSE EVERYONE DESERVES A SHOT AT LIFE'S MOVING MOMENTS

Nikon (2008)

★★★★★

moving은 '움직이는', '이동하는'이란 말이죠. 그런데 moving에는 '마음'을 움직인, 즉 '감동시키는'이란 뜻도 있습니다. 일본의 카메라 브랜드 니콘은 이런 moving의 중의적인 의미를 활용해 니콘 카메라는 빠르게 움직이는 장면과 감동적인 장면을 모두 흔들림 없이 포착할 수 있다고 말합니다. 카피 속 moving moment는 '빠르게 지나가는 순간'과 '감동적인 순간' 모두를 암시하죠. deserve a shot(기회가 주어져야 한다) 또한 카메라 브랜드에겐 재미있는 표현입니다. shot은 '기회'라는 뜻도 있지만, '사진 한 장'이란 뜻도 있기 때문입니다.

No.041

그 나물에 그 밥으로 바뀌는 건 없어요

YOU DON'T CHANGE THINGS FOREVER WITH THE SAME OLD SONG AND DANCE

3M (1990)

★★★★★

한국어에 '그 나물에 그 밥'이라는 말이 있듯, 영어에도 늘 똑같아서 발전이 없는 모습을 뜻하는 the same old song and dance(그 노래에 그 춤)라는 표현이 있습니다. 광고는 1928년 동계 올림픽을 이야기합니다. 피겨 스케이팅 선수인 손자 헤니(Sonja Henie)가 발레 동작을 스케이팅에 접목하는 파격적인 아이디어로 금메달을 얻은 해이죠. 이후 많은 선수들은 오늘날까지도 발레를 응용한 피겨 연기를 선보이게 됩니다. '그 노래에 그 춤'만은 추지 않았던 헤니처럼, 3M은 모방이 아닌 새로운 길을 찾는 의지가 세상을 변화시킨다고 이야기합니다.

No.042

결제의 시대를 새로 쓰다

THERE'S A NEW MONEY IN TOWN

PayPal (2016)

★★★★★

록 밴드 이글스(The Eagles)가 부른 〈New Kid in Town〉이라는 노래가 있습니다. 마치 새로운 전학생(new kid)이 교실에 신선한 바람을 불어넣듯, new kid in town은 '기존 질서를 흔드는 신흥 세력'을 뜻합니다. 카피는 kid를 money로 바꿔, 디지털 금융 서비스 페이팔이 기존의 금융 시장을 뒤흔들 거라고 말합니다. 느리고 복잡한 기존의 시스템을 old money로, 디지털 금융을 new money로 불러 둘을 대비시키죠. 또한 old money는 '대대로 부를 물려받은 상류층'도 뜻하기에 '신흥 세력' 페이팔의 이미지를 한층 강화시킵니다.

No.043

강력한 기능을 누구나 쉽게

POWER MADE EASY

Microsoft Excel (1992)

★★★★★

“내 커리어는 끝장났어!” 엘리베이터 안, 한 남자가 절망적으로 외칩니다. 보고를 하러 가던 중에 스프레드시트가 날아가버린 거죠. 하지만 함께 있던 동료는 “기다려, 금방 할 수 있어.”라고 하더니 엑셀을 활용해서 엘리베이터 안에서의 짧은 시간에 자료를 다시 만들어냅니다. 기분 좋게 엘리베이터를 나서는 그들을 지켜보던 다른 승객이 중얼거리죠. “My spreadsheet doesn’t do that.(내 스프레드시트는 저렇게 못하는데)” made easy는 ‘~이 쉬워지다’라는 뜻입니다. 엑셀의 직관적인 인터페이스를 강조하는 카피는, 전문가만 다룰 수 있던 힘(power)이 엑셀 덕에 모두에게 가능해졌다(made easy)는 메시지를 전달합니다.

No.044

암을 KO시켜버리겠어

HEY CANCER, WE'RE GONNA KNOCK YOU OUT

Pfizer (2025)

★★★★★

'완전히 KO됐어'라고 하죠. 이때 KO는 영어 knock out(한 방에 쓰러트리다)의 줄임말입니다. 복싱에서 상대 선수를 단숨에 쓰러트릴 때 많이 쓰이죠. 'knock + 사람 + out'은 '~를 쓰러트리다' 혹은 '~를 무찌르다'라는 의미입니다. 글로벌 제약회사 화이자의 광고는 암 투병 중인 소년을 비춥니다. 상상 속, 복싱 글러브를 낀 소년은 암에 맞서는 전사로 변해 싸움에서 승리하죠. '암을 KO시켜버리겠다'는 카피는 질병에 굴복하지 않겠다는 소년의 의지를 드러내며, 제약회사 화이자가 환자와 함께 싸우는 브랜드라는 메시지를 전합니다.

No.045

이제 시작에 불과합니다

THIS IS JUST A WARM-UP

PriceWaterhouseCoopers (2000)

★★★★★

운동 전 몸을 푸는 준비 운동을 '워밍업'이라고 하는데, 이를 영어로는 warm-up이라고 합니다. 나아가 warm-up은 '서막' 혹은 '시작 단계'라는 뜻도 있습니다. 미국의 대표적인 회계 및 컨설팅 회사 프라이스워터하우스쿠퍼스의 광고는 "Last year, computer hackers cost businesses 45 billion dollars.(지난해, 해커들이 기업에 입힌 피해는 450억 달러입니다)"라고 말합니다. 그리고 "This is just a warm-up.(이건 시작일 뿐입니다)"이라고 하죠. 숫자를 앞세운 긴장감과 warm-up의 이중 의미를 활용해, 앞으로 더 큰 위험이 닥칠 것임을 암시합니다. 그리고 이어지는 솔루션으로는 자사의 보안 프로그램을 제시하죠.

No.046

전원을 꽂고 움직임에 빠져봐

PLUG INTO THE MOVEMENT

Vitamix (2010)

★★★★★

셰프들이 사랑하는 고성능 블렌더 비타믹스. 여러 의미를 하나로 '믹스'해내는 카피라이팅 기술이 대단합니다. plug into는 '~에 플러그를 꽂다'라는 뜻으로, 카피는 비타믹스를 '전원에 꽂아' 강력한 움직임(movement)을 경험해보라는 뜻이죠. 하지만 다른 해석도 가능합니다. movement는 '사회적인 움직임'도 되니, 사용자들 간의 활발한 정보 공유와 건강한 식습관을 응원한다는 의미로도 확장되기 때문이죠. 또한 plug into 를 '~에 빠지다'란 뜻으로 쓰면 이런 비타믹스 현상에 한 번 빠져보라(plug into)는 말로, 주방기기를 넘어 건강한 라이프 스타일까지도 제시해줍니다.

No.047

규칙 따윈 필요 없는 강력한 기술

TECHNOLOGY WITHOUT ADULT SUPERVISION

Oakley (1995)

★★★★★

adult supervision은 '보호자의 감독'이란 뜻인데, 수영장이나 사우나처럼 위험 요소가 있는 장소에서 자주 보이는 문구입니다. 감독이 있다는 건 곧 '정해진 규칙을 따라야 한다'는 의미겠죠. 최첨단 테크놀로지를 아이웨어(eyewear)에 적용해온 오클리는 전통적인 방식을 따르는 것이 아닌 반항적이고 강력한 혁신을 탑재했다고 말합니다. 실제로 오클리는 군사용 렌즈 기술을 스포츠 아이웨어에 적용하는 등 평범하지 않은 방식을 고집해왔죠. 이번에도 '규칙 따위는 필요 없다'며 일반적인 아이웨어 브랜드와 다른 길을 걷겠다는 포부를 전합니다.

No.048

진심 경이로운

SERIOUSLY AMAZING

Smithsonian (2012)

★★★★★

영어로 seriously는 '심각하게', '진지하게'라는 뜻이지만, 일상 회화에서는 '정말로'라는 의미로 뒤에 나오는 형용사를 강조해주기도 합니다. 미국 최대 박물관 스미스소니안은 이처럼 쓰임새가 넓은 seriously를 활용해 반전 있는 카피를 만들어냅니다. 진지한 박물관의 이미지를 떠올리게 하는 seriously 뒤에 새로운 것을 발견한 후 놀라워하는 amazing을 나란히 둔 거죠. 박물관에서 경험할 수 있는 '진지하면서도 놀라운 경험'들을 상상하게 하는 카피로, 박물관이라는 공간을 새롭게 바라보게 합니다.

No.049

배를 골탕 먹이지 않는 우유

THE MILK THAT DOESN'T MESS WITH YOU

Lactaid (2016)

★★★★★

mess with는 '~에게 장난을 걸다', '~를 일부러 곤란하게 하다'란 뜻입니다. 심각한 공격이라기보다는 골탕 먹이는 정도에 가까운데, 회화에서는 "Don't mess with me.(나 건드리지 마)"처럼 가볍게 경고할 때도 쓰입니다. 락테이드는 유당분해가 어려운 사람들(lactose intolerant)이 편하게 우유를 마실 수 있도록 유당을 제거한 우유입니다. 일반 우유를 마치 당신의 뱃속을 곤란하게 하는(mess with) 귀찮은 존재로 표현하는 카피. 부담 없이 속을 편안하게 해주는 대안으로 '친절한' 락테이드를 제안합니다.

No.050

N은 모방이 아닌 혁신입니다

N IS FOR INNOVATE, NOT IMITATE

New Balance (2004)

★★★★★

뉴발란스는 1906년 시작된 오랜 역사의 운동화 브랜드입니다. 발이 편안한 신발을 위해 새로운 소재와 기술로 끊임없이 혁신해온 것으로 유명하죠. 최근에는 뛰어난 착용감과 인체공학적 설계에 세련된 디자인까지 더해져, 러너뿐 아니라 패션을 중시하는 다양한 세대에게 사랑받고 있습니다. 광고는 건강한 남성의 맨발을 흑백으로 비추며, 발등 위에 뉴발란스를 상징하는 알파벳 N을 올려놓습니다. N을 '모방(imitate)'이 아닌 '혁신(innovate)'의 상징으로 제시하는 카피는, 모든 뉴발란스 신발 위 동일한 위치에 새겨진 알파벳 N이 단순한 디자인을 넘어 브랜드의 철학을 담고 있음을 보여줍니다.

No.051

칭찬에 익숙합니다

NO STRANGER TO RAVE REVIEWS

Post (2000)

★★★★★

포스트는 켈로그와 함께 미국을 대표하는 시리얼 회사입니다. 고인돌 가족(The Flinstones) 캐릭터의 Fruity Pebbles(과일맛 시리얼)부터 건강한 이미지의 Honey Bunches of Oats(꿀 귀리 시리얼)까지, 오랫동안 미국인들의 아침을 책임져왔죠. no stranger to는 '~에 익숙한'이란 뜻인데, 뒤의 rave reviews(매우 좋은 평가)와 함께 쓰이면 '칭찬에 익숙한 시리얼'이라는 의미가 됩니다. Breakfast made right으로 끝나는 광고는 아침 식사를 '제대로(right)', '올바르게(right)' 만들었다는 의미를 동시에 전하며 오랜 시간 좋은 평가를 받아온 브랜드의 자신감을 전합니다.

No.052

당신이 찾던 것, 그 이상

WHAT YOU ASKED FOR AND MORE

Titleist (2025)

★★★★★

what you asked for(당신이 찾던 것)는 광고에 자주 등장하는 말인데, 이때 ask for는 '요구하다'라는 뜻입니다. 골프공 명가 타이틀리스트는 이 표현으로 프로 골퍼들이 중요하게 생각하는 속도, 스핀, 컨트롤을 모두 갖춘 골프공은 바로 타이틀리스트의 제품이라고 말합니다. 원하는 요청사항 그 이상까지도 반영했다고 암시하며 신뢰를 더하는 카피. 흥미롭게도 같은 표현을 You asked for it.으로 쓰면 '네가 그렇게 해달라며?', '네가 자초한 일이야'란 뜻의 비꼬는 말이 되기도 합니다.

No.053

눈물은 이제 그만

NO MORE TEARS

Johnson & Johnson (1959)

★★★★★

아기 전용 샴푸가 생소했던 시절, 존슨앤존슨은 눈에 들어가도 따갑지 않은 베이비 샴푸를 출시하며 부모들에게 큰 사랑을 받습니다. No more ~는 '더 이상 ~하지 마세요' 혹은 '더 ~는 안 돼'라는 뜻입니다. '더 이상 눈물 흘리지 마세요'라고 말하는 카피는 아기를 씻기느라 애쓰는 부모들의 마음마저 달래주는 듯합니다. 육아가 수월해지기를 바라는 마음을 단순하지만 강력하게 전하죠. 오늘날까지도 반세기 넘게 쓰이며, 존슨앤존슨을 전 세계 아기 샴푸의 대명사로 만들어준 카피이자 제품명입니다.

No.054

인생의 방정식을 바꾸다

CHANGE THE EQUATION

Breaking Bad (2008)

★★★★★

사람은 변하지 않는다고 하지만, 때론 상황이 사람을 바꿔놓기도 하죠. 미국에서 신드롬을 일으킨 드라마 〈브레이킹 배드〉는 그런 극적인 변화를 그려냅니다. 온화한 고교 화학 교사 월터는 별안간 말기암 진단을 받고 남길 유산을 마련하기 위해 마약을 제조합니다. 이 한 순간의 선택은 평범했던 월터의 삶을 완전히 변화시키죠. 카피 속 equation은 수학의 '방정식'을 뜻하는데, 월터가 화학 지식으로 마약을 제조하는 것을 암시합니다. change the equation은 '기존의 틀을 깨고 변화를 감행하다'란 의미로, '새로운' 인생의 행보를 걷는 '화학' 교사 월터를 완벽하게 묘사해줍니다.

Part 04

Freedom & Imagination

마음껏 상상하고 자유롭게 그리는

틀을 깨고, 기꺼이 멀리 가보는 상상력.
자유로운 발상이 담긴 카피를 만나보세요.

Part 04

No.055~No.080

QR코드를 찍으면 카피가 소개된 영상이나
이미지를 볼 수 있습니다. 함께 보아야 미국 광고의
임팩트를 느낄 수 있으니 꼭 확인하세요.

No.055

마음대로 하세요

YOU RULE

Burger King (2022)

★★★★★

한국 김밥집에서 "오이 빼주세요"라고 하듯, 미국에선 햄버거를 주문하며 "피클은 많이, 양파는 조금요"라고 합니다. 버거킹은 이런 소비자 맞춤 트렌드를 50년 전부터 읽고 있었습니다. 1970년대부터 "Have it your way(당신이 원하는 대로)"라는 슬로건으로, 커스텀 버거를 차별화 포인트로 삼아왔죠. 그리고 2022년 새로운 슬로건 "You Rule"을 선보입니다. '통치하다'라는 뜻의 rule이 들어간 You rule.은 '당신이 결정하세요'라는 의미이자, 회화에서는 '네가 최고야'라는 뜻으로도 쓰입니다. 손님을 '왕'처럼 대하는 버거'킹'. 햄버거 하나를 시킬 때도 '왕'이 된 듯한 기분이 날 것만 같습니다.

No.056

베가스에서 일어난 일은 베가스에만 남아요

WHATEVER HAPPENS IN VEGAS, STAYS IN VEGAS

Las Vegas Convention and Visitors Authority (2003)

★★★★★

카지노로 유명한 미국의 관광도시 라스베가스, 줄여서 '베가스'라고 불리는 도시는 이렇게 말합니다. 당신이 베가스에서 무슨 일을 벌이든지 간에(Whatever happens in Vegas), 그 일은 베가스에만 남을 거(stays in Vegas)라고 말입니다. 비밀을 지켜줄 테니, 베가스에 와서 평소 하지 못하는 일을 즐겨보라는 의미입니다. 하지만 '일탈'에만 초점을 맞추고 싶지 않았던 것일까요? 2020년에는 이 슬로건이 "What happens here, only happens here★"로 바뀌며, 오직 '베가스에서만' 누릴 수 있는 경험을 강조합니다.

★ 영상 광고 속 카피는 Whatever happens here, stays here이지만, 대중문화 속에서는 초기 카피, Whatever happens in Vegas, stays in Vegas가 널리 쓰입니다.

No.057

우리 아이 첫 차는 오픈카 정도는 되어야죠

BECAUSE YOUR FIRST SET OF WHEELS SHOULD BE A CONVERTIBLE

Fisher-Price (2002)

★★★★★

요즘 아이들은 진짜 같은 장난감 자동차를 타고 놉니다. 마치 어른들의 자동차를 그대로 축소해놓은 것 같죠. 그렇다면 어른들이 할 법한 이야기로 아이들의 장난감 자동차를 팔면 어떨까요? 미국의 장난감 회사 피셔 프라이스의 카피는 조금은 능청스럽게 말합니다. 당신 아이의 첫 차라면, 당연히 오픈카여야 하지 않겠냐고요. 아무리 장난감이더라도 말이죠. 한국에서는 뚜껑이 없는 스포츠카를 '오픈카'라고 하지만, 영어로는 convertible이라고 합니다. a set of wheels는 '바퀴 한 세트'라는 직역에서 알 수 있듯이, '자동차'를 가리키는 표현입니다.

No.058

레드불은 날개애를 달아줍니다

RED BULL GIVES YOU WIIINGS

Red Bull (2014)

★★★★★

벼락치기를 해야 할 때, 운전 중 졸음이 몰려올 때, 밤새 신나게 놀고 싶을 때… 레드불은 '부스트'가 필요할 때 찾게 되는 에너지 드링크입니다. 단순한 피로 회복제를 넘어, 익스트림 스포츠처럼 한계에 도전하는 라이프 스타일을 응원해왔죠. 그런 레드불이 당신에게 '날개를 달아줄' 거라는 카피는 흥미롭게도 wings에 'i'를 여러 번 넣습니다. 2010년대, 미국에서 '레드불을 마셨지만 실제로 날개가 나지 않았다'는 허위광고 소송이 제기된 이후, 레드불은 이 표현이 문학적인 비유라는 점을 유머러스하게 보여주며 동시에 [위이이이잉] 하고 날아가는 느낌까지 전하도록 표기법을 변경했습니다.

No.059

들을수록 상상은 더 커집니다

THERE'S MORE TO IMAGINE WHEN YOU LISTEN

Audible (2024)

★★★★★

오디블은 아마존(Amazon)에서 만든 세계 최대 규모의 오디오북 플랫폼입니다. 카피는 우리가 이야기를 '귀로 듣는 이유' 중 자주 간과하는 가치를 건드립니다. 바로 '상상력'이죠. 'There's more + to부정사'는 '~할 것이 무궁무진하다'라는 뜻의 표현입니다. 눈으로 영상을 볼 때와 달리, 귀로 들으면 인물과 배경의 모습을 머릿속에서 직접 그릴 수 있죠. 그만큼 상상할 수 있는 세계가 훨씬 넓어집니다. 이동 중에 들을 수 있다는 것과 같은 오디오북의 현실적인 장점보다는 상상력의 힘으로 독자들의 마음을 건드리는 카피입니다.

No.060

자제력, 그게 뭔데?

SELF CONTROL WHO?

McDonald's (2023)

★★★★★

경건한 성가가 울려퍼지는 가운데, 맥도날드의 황금빛 감자튀김이 화면 가득 클로즈업됩니다. 바삭하고 짭조름한 맛이 입 안에 퍼지는 듯하죠. 이어지는 내레이션은 말합니다. "이 감자튀김을 하나씩 집어먹는 사람이 있다고요? 어떻게 그럴 수 있나요?" 카피는 '자제력'을 뜻하는 명사 self control 뒤에 who?를 붙여, 한국어로는 '다이어트, 그게 뭔데?'처럼 반문하는 듯한 표현을 만들어냅니다. 맥도날드의 감자튀김은 자제력의 대상이라는 것을 인정하면서도, 누구도 한 입만으로는 멈출 수 없을 거라는 자신감을 드러냅니다.

No.061

'초'대박 섹스 어필

SECS APPEAL

Casio (1998)

★★★★★

이성의 눈길을 끄는 매력적인 사람에게 '섹스 어필(sex appeal)'이 있다고 하죠. 여기서 성별을 뜻하는 sex의 마지막 한 글자를 바꾸면, 발음은 똑같지만 '(시간의) 초'를 뜻하는 secs가 됩니다. 이러한 언어유희(pun)를 활용한 일본의 시계 브랜드 카시오의 카피는 카시오 시계가 가진 매력을 재치있게 드러냅니다. 카시오는 초 단위의 정확성으로 시계 기술을 혁신해오면서, 동시에 젊은 세대에게는 시계를 패션 아이템으로 포지셔닝해 왔죠. 이러한 두 가지 철학을 모두 담은 카피는 '시계도 패션이다'라는 의미와 '초 단위의 정밀함'이란 장점을 함께 전합니다.

No.062

볼거리가 산더미

A MOUNTAIN OF ENTERTAINMENT

Paramount Plus (2024)

★★★★★

다양한 콘텐츠의 등장인물들이 한자리에 모이면 어떨까요? 만화 영화 속 둘리가 〈오징어 게임〉 속 성기훈을 만나는 것처럼 말입니다. 미국의 스트리밍 플랫폼 파라마운트 플러스는 볼거리가 많다는 걸 강조하기 위해 실제로 그런 광고를 제작합니다. 각기 다른 '장르' 출신의 등장인물들이 티격태격하며 상황을 '산'으로 가게 하는, 보는 재미가 가득한 광고죠. a mountain of는 무언가가 '산더미처럼 많은'이란 뜻으로, 특히 파라마운트 사에게 의미 있는 표현입니다. 회사 이름도 파라'마운트'이고, 회사의 로고 또한 눈 덮인 설산의 모습이기 때문입니다.

No.063

여기서부터는 내게 맡겨

I'LL TAKE IT FROM HERE

Alexa (2018)

★★★★★

아마존의 음성 인공지능 서비스 알렉사의 광고는 알렉사가 '목이 잠겨' 말을 할 수 없게 된다는 다소 엉뚱한 설정으로 시작합니다. 급히 투입된 대체 인력들은 각 분야의 전문가들이지만 알렉사만 못하죠. 그릴드 치즈 레시피를 묻자 유명 셰프 고든 램지가 그것도 모르냐며 호통을 치는 식입니다. 모두가 우왕좌왕할 때 "I'll take it from here.(여기서부터 내가 맡을게)"라며 목소리 회복 후 등장하는 알렉사. 이는 프레젠테이션에서 다음 발표자가 이어받으며 쓰는 표현이죠. 알렉사는 유명인들보다 더 유능하고, 무엇보다 사람다운 면모를 가진 어시스턴트라는 점을 보여줍니다.

No.064

세컨드 카는 자동차가 아닌 베스파로

MAYBE YOUR SECOND CAR SHOULDN'T BE A CAR

Vespa (1965)

★★★★★

미국에서 자동차는 필수품입니다. 대부분의 이동을 대중교통 대신 자가용으로 하기 때문이죠. 차를 한 대 이상 가지고 있는 경우도 많은데, 흔히 세컨드 카(second car)라고 부르는 '두 번째 차'는 가족용이거나 여가용인 경우가 많습니다. 짧은 이동에 적합한 스쿠터, 베스파는 이 '두 번째 차'를 공략한 카피를 선보입니다. 세컨드 카가 꼭 자동차여야 할까요? 스쿠터라면 어떨까요? 발상의 전환으로 자동차와의 경쟁보다는 상생을 택한 카피. 장거리 주행 중심의 전통적인 미국 자동차 문화 속에서, 도시 친화적인 대안으로 베스파를 제안합니다.

No.065

읽어야 비로소 보입니다

WHEN YOU READ IT, YOU'LL SEE

The New Yorker (1992)

★★★★★

1925년 창간된 《뉴요커》는 미국의 대표적인 시사 주간지입니다. 긴 호흡의 칼럼과 문학 에세이처럼 깊이 있는 스토리텔링을 지향해왔죠. 특히 하나의 주제를 여러 각도에서 탐구하며 세상을 다양한 시각으로 바라보게 합니다. 광고에는 온몸에 문신이 새겨진 남자가 등장합니다. 물끄러미 정면을 응시하는 모습이 뭔가 사연이 숨어 있는 것 같죠. You'll see는 단순히 '본다'는 뜻이 아니라 '이해한다'의 의미를 가집니다. 겉모습으로 판단하지 말고 그의 이야기를 '읽어봐야' 알 수 있을 거라는 카피. 세상을 더 깊이 읽는 시선을 전합니다.

No.066

이렇게 드문 일들이 자주 일어나면 얼마나 좋을까요?

WHAT IF ONCE IN A BLUE MOON, HAPPENED MORE THAN ONCE IN A BLUE MOON?

Blue Moon (2020)

★★★★★

blue moon은 한 달에 보름달이 두 번 뜨는 드문 현상을 말합니다. 그래서 once in a blue moon는 '어쩌다 한 번 일어나는' 일이라는 표현이죠. 블루문 맥주의 이름도 여기서 비롯되었습니다. 손님이 "A beer this good only comes around once in a blue moon.(이렇게 좋은 맥주를 만나기는 드문 일이죠)"이라고 한 것이 계기가 되었다고 하니까요. 광고는 모두가 소망하는 '드문 일'들을 보여주면서, 이런 일들이 좀 더 자주 일어나면 좋겠다고 말합니다. 마지막의 Reach for the Moon은 '꿈을 좇아봐'라는 표현이지만 동시에 블루문(moon)을 향해 손을 한번 뻗어보라는, 즉 '블루문을 마셔봐'라는 뜻도 됩니다.

No.067

창의력으로 당을 충전해봐

SATISFY YOUR CREATIVE SWEET TOOTH

Imation (2001)

★★★★★

미국 어린이들이 좋아하는 PEZ(페즈)는 플라스틱 통 속에 네모난 사탕이 차곡차곡 쌓인 캔디입니다. 그런데 원래라면 사탕이 있어야 할 PEZ 통 안에, 네모난 디스크 버너들이 쌓여 있습니다. '당 충전' 대신 '창의력 충전'을 하라는 디지털 저장 매체 이메이션의 광고입니다. 나른한 오후, 달콤한 간식 없이는 버티지 못하는 사람들처럼, 이메이션의 소비자는 창의적인 일을 하지 않고는 못 견딘다는 메시지를 전합니다. sweet tooth는 '단것을 좋아하는 성향'을 뜻합니다. 회화에서는 I have a sweet tooth.(난 단거 좋아해)라고 이야기하죠.

No.068

세계를 위한, 세계에 의한

FOR THE WORLD.
BY THE WORLD.

Boeing (1993)

★★★★★

미국 대통령 링컨이 'Government of the people, by the people, for the people(국민의, 국민에 의한, 국민을 위한 정부)'이라는 유명한 말을 남긴 건 미국 남북전쟁의 한가운데에서였습니다. 게티즈버그 전투에서 희생된 이들을 기리며, '국민이 주체가 되는 나라'를 만들어나가자는 연설이었죠. 미국 항공기업 보잉은 카피에 people(국민) 대신 world(세계)를 넣어 '세계를 위한, 세계에 의한 회사'라는 메시지를 전합니다. 보잉이 단순히 비행기를 만들 뿐 아니라, 전 세계에 물건을 수출하며 동시에 전 세계에서 부품을 구매하는 기업임을 강조합니다.

No.069

전기차, 이제 무대 위로

LET'S GIVE EVS THE STAGE THEY DESERVE

GMC (2023)

★★★★★

미국 배우 윌 페럴(Will Ferrell)이 GMC의 전기차를 몰고 〈오징어 게임〉, 〈브리저튼〉과 같은 넷플릭스 인기작 속을 종횡무진합니다. 이제는 전기차도 넷플릭스 무대(stage)에 오를 자격이 충분히 있으니(deserve), 넷플릭스의 유명작들 속에서 '한자리' 차지하게 하자는 메시지입니다. 카피엔 미국 사회에서 중요한 개념인 representation(다양성 반영)의 논리가 담겨 있습니다. 넷플릭스가 인종과 배경이 다른 이들에게 기회를 준 것처럼, 그동안 가치를 인정받지 못한 전기차도 스포트라이트를 받을 수 있게 해야 한다는 의미를 담고 있습니다.

No.070

말이 필요 없죠

NEED WE SAY MORE

The Beverly Hills Hotel (1990)

★★★★★

엘리자베스 테일러가 허니문을 보낸 곳. 존 레논과 오노 요코가 일주일 동안 은신처로 삼았던 곳. 마를린 먼로가 오랫동안 묵었던 곳이 있습니다. 바로 1912년 지어진 베벌리 힐스 호텔이죠. 핑크빛 궁전(Pink Palace)이라 불리며, 한때는 유명 스타들의 비밀스러운 놀이터이자 할리우드의 황금기를 함께한 상징적인 장소였습니다. 카피는 There is no need for us to say more.라는 문장을 줄인 것으로, '더 말해 뭐 하겠습니까?'라는 뜻이죠. 레전드는 설명이 필요 없다는 태도로, 베벌리힐스의 역사적 랜드마크로서의 자부심을 전달합니다.

No.071

국민이 곧 나라입니다

WE THE PEOPLE

JFK Presidential Library and Museum (2008)

★★★★★

단 세 단어만으로도 미국인들의 가슴을 뜨겁게 하는 말이 있습니다. We the people, 미국 헌법의 첫 문장에 등장하는 표현이죠. '우리 국민들은'으로 시작되는 이 문장은 미국의 건국 이념을 함축합니다. 유럽 대부분이 여전히 왕정을 유지하던 시절, 미국은 국가의 권력이 왕도, 신도 아닌 오직 '국민'으로부터 나온다고 선언했죠. 보스턴에 위치한 존 F. 케네디 대통령 도서관은 서거한 케네디 대통령의 민주주의적 가치를 기리는 곳입니다. 미국 민주주의의 메시지를 상징하는 카피는, 오늘날 미국 민주주의의 출발점을 상기시킵니다.

No.072

먼저 청소하세요. 멋진 일이 찾아온다니까요.

CLEAN IS THE BEGINNING. WHAT COMES NEXT IS EVERYTHING.

Clorox (2017)

★★★★★

This is just the beginning. '이제 막 시작'이라는 뜻이죠. 여기에 what comes next(다음에 벌어질 일)를 덧붙이면, 앞으로 더 기대할 일들이 벌어질 거라는 암시가 됩니다. 미국의 세정용품 브랜드 클로락스는 이 표현을 청소에 대입합니다. 청소는 '끝'이 아니라 그 뒤에 펼쳐질 멋진 일들을 준비하는 '시작'이라고 말하죠. 부엌을 닦은 뒤 온 가족이 웃으며 식사하고, 자동차를 청소한 뒤 여자 친구를 태우고 떠나는 장면들이 나오는 광고. 더 나은 하루를 준비하는 첫걸음으로 청소를 그려냅니다.

No.073

네모나게 굴지 마

DON'T BE SQUARE

Rice Krispies (2003)

★★★★★

미국 어린이들이 좋아하는 네모난 블록 모양의 과자 '라이스 크리스피'. 입 안에 넣으면 쌀알(rice) 모양의 뻥튀기가 팡팡 터지고 달콤한 마시멜로가 쫀득하게 씹힙니다. 일반적인 '네모'가 아닌 '컵' 모양의 라이스 크리스피가 등장하는 광고. 컵 위에 'World's Greatest Mom(우리 엄마 최고)'이라는 문구가 적혀 있는 걸 보니, 과자를 먹던 아이가 엄마를 위해 만든 선물인 듯합니다. Don't be square.는 '틀에 박힌 고정 관념에서 벗어나자'라는 관용적 표현입니다. 마치 '네모'난 라이스 크리스피를 더욱 다양하고 창의적으로 즐길 수 있듯이 말입니다.

No.074

더 나은 영화를 만들어드립니다

WE MAKE MOVIES BETTER

AMC Theatres (2021)

★★★★★

코로나 이후 영화관이 아니라 집에서 영화를 보는 게 일상이 된 사람들에게, 미국 영화관 체인 AMC는 다시 극장으로 돌아오라고 제안합니다. 광고 속 대 '스타' 니콜 키드먼은 별(star)처럼 반짝이는 수트를 입고 극장에 앉아 영화를 보고 있죠. 스크린 불빛에 비친 황홀한 그녀의 얼굴을 보면, 역시 영화는 영화관에서 봐야 제맛이라는 생각이 듭니다. '영화에 진심인 AMC가 영화를 더 좋게 만든다'는 카피는 럭셔리한 좌석, 웅장한 돌비 사운드, 다양한 스낵 등으로 영화를 보는 경험을 더 풍성하게 만들어주겠다는 약속을 전합니다.

No.075

RV, 제대로 즐길 준비하고 오세요

BRING YOUR "A" GAME★

GO RVing (2008)

★★★★★

테일게이팅(tailgating)은 스포츠 경기 날, RV★★를 몰고 경기장 주차장에 모여 바비큐와 햄버거를 즐기는 미국의 스포츠 문화입니다. 광고는 근사한 음식을 즐기며 테일게이팅을 하고 있는 사람들의 모습을 보여주죠. Pregame. Postgame. None of it matters if you don't bring your "A" Game.(시범 경기, 플레이오프. 다 필요 없어요. 당신이 최고를 가져오지 않으면.)이라고 말하는 광고. 회화에서 "A" game은 '최고의 무언가'를 뜻합니다. 카피 속 "A" game은 '최고의 음식을 싣고 오는 최고의 RV'를 뜻하면서, 동시에 스포츠 경기(game)의 의미도 담고 있습니다.

★ 읽을 때는 알파벳 A를 살려 '에이 게임'이라고 읽습니다.
★★ RV는 Recreational Vehicle의 줄임말로, 커다란 캠핑카를 뜻합니다.

No.076

긴장 풀고, 루즈하게

GET LOOSE

GAP (2024)

★★★★★

창립 55주년을 맞아 공개된 아메리칸 패션 브랜드 갭의 광고는 루즈 핏(loose fit) 청바지를 전면에 내세우며 갭 특유의 자유롭고 경쾌한 감성을 전합니다. loose는 마치 루즈 핏 청바지처럼 '헐렁한'이란 뜻도 있지만, '긴장이 풀어진', '느긋한'이란 의미도 있습니다. 광고 속, 가수 트로이 시반(Troye Sivan)과 댄스 크루 CDK Company는 '루즈' 핏 청바지를 입고 화면을 자유롭게 넘나들며 멋진 안무를 선보입니다. 딱 붙는 바지에 자신을 가두지 말고, 흐르듯 몸에 맞는 청바지로 몸도 마음도 세상이 만든 틀에서 벗어나보자고 제안합니다.

No.077

부드러운 커피로 무탈한 하루를

MAY SMOOTHER COFFEE BRING SMOOTHER DAYS

Seattle's Best (2025)

★★★★★

비 오는 날 마시는 따뜻한 커피 한 잔은 몸도 마음도 따뜻하게 데워주죠. 그래서일까요? 비가 자주 내리는 도시인 시애틀에는 유명한 커피 브랜드들이 유독 많습니다. 100% 아라비카 원두로 '부드러운 맛'을 자랑하는 네슬레의 시애틀즈 베스트도 그 중 하나죠. '부드러운'이란 뜻의 smooth가 들어간 smooth day는 '무탈한 하루'를 뜻합니다. 미국인들이 커피 한 잔으로 하루를 시작하는 점에 착안한 카피는, 아라비카 원두로 만들어져 더 부드러운 커피(smoother coffee)가 당신의 하루를 더 무탈하게(smoother days) 만들어주길 바란다는 메시지를 전합니다.

No.078

정치적 올바름보다, 진짜 옳은 것을 위하여

POLITICALLY CORRECT? HERE'S TO JUST BEING RIGHT

Johnnie Walker Red Label (1997)

★★★★★

타인의 입장과 감정을 고려해 말을 조심하는 태도를 politically correct(정치적으로 올바른)라고 합니다. 줄여서 PC라고도 부르죠. 다양한 인종과 배경의 사람들이 어울려 사는 미국에서는 인종, 성별, 종교 등과 관련된 표현은 신중히 쓰자는 취지로 사용되기도 합니다. 이런 '정치적인 올바름'이 사회적으로 부상하던 1990년대, 조니워커 중에서 가장 대중적이고 거친 맛을 지닌 레드 라벨은 이렇게 말합니다. 조니워커를 마시는 동안에는 정치적 올바름을 위한 보여주기식 말하기는 잠시 잊고, 나 스스로의 기준을 따르자고 말이죠. Here's to ~는 '~을 위하여!'라는 뜻으로, 건배할 때 자주 쓰는 표현입니다.

No.079

어둠 속에서 나만의 빛을 찾으세요

FIND YOUR LIGHT

Penguin Random House (2021)

★★★★★

미국의 대표 출판사 펭귄 랜덤하우스는 팬데믹이 한창이던 2021년, 독자들에게 묻습니다. "Where can we find light in this never-ending shade?(끝이 보이지 않는 이 어둠 속에서 우리는 어디에서 빛을 찾을 수 있을까요?)"★ 카피는 단순히 불빛을 찾자는 이야기가 아닙니다. 'never-ending shade(끝나지 않는 그늘)'는 팬데믹이 주는 불안과 고립을, 이에 대비되는 'light'는 내면을 밝혀주는 희망의 힘을 상징하죠. 어둠이 드리우던 시대, 책이야말로 우리에게 다시 빛을 건네준 존재가 아닐까 생각하게 됩니다.

★ 아만다 고먼(Amanda Gorman)이 바이든 대통령의 취임식에서 낭독한 시 〈The Hill We Climb〉의 한 구절입니다.

No.080

라이딩이 곧 내 삶이야

LIVE TO RIDE, RIDE TO LIVE

Harley-Davidson (1980s)

★★★★★

부릉부릉, 엔진 소리만으로도 존재감을 드러내는 바이크가 있습니다. 할리데이비슨이죠. 라이딩을 갑갑한 일상을 벗어나 자유로워지는 순간으로 그려내는 할리는, 바이크를 단순한 '이동 수단'이 아닌 '삶의 방식'으로 정의합니다. 그렇게 '할리를 타는 삶' 자체를 하나의 문화로 만들며 오랜 시간 충성 고객층을 지켜오고 있죠. '~하기 위해'라는 뜻의 to부정사를 사용한 카피, Live to ride(타기 위해 산다), ride to live(살기 위해 탄다). 데칼코마니처럼 서로를 비추는 멋진 구조로 라이딩에 대한 열정을 삶에 담아내며, 나아가 자기표현이자 문화 코드로서 할리의 정체성까지도 드러냅니다.

Part 05

Authenticity

나답게, 개성 있게

세상에 단 하나뿐인 당신의 개성을
응원하는 카피입니다.

Part 05

No.081~No.108

QR코드를 찍으면 카피가 소개된 영상이나
이미지를 볼 수 있습니다. 함께 보아야 미국 광고의
임팩트를 느낄 수 있으니 꼭 확인하세요.

No.081

게으른 자여, 영원하라

LONG LIVE THE LAZY

LA-Z-BOY (2023)

★★★★★

“Long live the King.”은 ‘왕이여 영원하소서’란 뜻으로, 국왕을 찬양하는 유명한 영어 표현입니다. 미국의 대표 리클라이너 의자 브랜드 레이지보이는 표현 속 ‘왕(the King)’을 ‘게으른 자(the Lazy)’로 바꿔, 왕처럼 편안하게 앉아 즐기는 휴식의 가치를 전합니다. 여유를 잃어버린 현대인들에게 게으름은 당당하게 누릴 권리라는 메시지이자, 게으른 자를 추앙하자는 재치있는 선언입니다. 카피에서 눈여겨볼 부분은 lazy 앞에 붙은 정관사 the입니다. ‘the + 형용사’는 ‘~한 사람들’이란 뜻으로, 이렇게 정관사가 앞에 들어가면 추상적인 ‘게으름(laziness)’이 구체적인 사람을 뜻하는 ‘게으른 자들(the Lazy)’로 변하게 됩니다.

No.082

말보로의 나라로 오라

COME TO MARLBORO COUNTRY

Marlboro (2000)

★★★★★

말보로 담배를 피는 남자는 어떤 모습일까요? 거친 미소를 지닌 카우보이를 떠올렸다면 정답입니다. 1950년대, 말보로는 다른 담배 브랜드와의 차별화를 위해 '말보로 맨(Marlboro Man)'이라는 페르소나를 만들어냅니다. 말보로 담배를 피는 남자를 강인하고 터프하게 보여주며 강한 남성상을 동경하는 소비자의 마음을 사로잡았죠. 카피 속 '말보로의 나라(Marlboro Country)'는 실제로 존재하는 나라는 아닙니다. '말보로 맨'이라면 발을 들여놓을 수 있는, 자유와 모험을 상징하는 은유적 공간이죠. 이처럼 country는 '나라'라는 뜻 외에도 명사 뒤에 붙어 '~의 특징을 가진 장소'를 뜻하기도 합니다.

No.083

이젠 똑똑한 게 대세야

SMART IS THE NEW SEXY

Big Bang Theory (2007)

★★★★★

여기, 외모에는 도통 관심이 없고, 연애에는 서툰 데다가, 독특한 패션 센스를 지닌 과학자들이 주인공인 시트콤이 있습니다. 바로 '빅뱅이론'이죠. 보통 드라마의 주연으로 볼 수 없는 너디한(nerdy★) 과학자들 네 명이 시리즈를 끌어간다는 설정은 꽤 파격적이었습니다. 하지만 '빅뱅이론'은 익숙한 시트콤의 공식을 뒤집으며 12년간 장수한 히트작으로 자리잡았죠. A is the new sexy는 이전에 주목을 받지 못했던 A가 새롭게 떠오르는 대세라는 표현입니다. '꼴찌들의 반란' 같은 느낌이랄까요. 여기서 sexy는 '섹시한'보다는 '혁신적인' 혹은 '매력적인'의 의미입니다.

★ 공부만 하는 사회성이 부족한 사람을 뜻했지만, 요즘은 특정 분야에 깊이 빠진 지적인 사람을 긍정적으로 이르는 말입니다.

No.084

나아지기 위해, 다름이라는 대가를 치르겠습니까?

SOMETIMES, BEING DIFFERENT IS THE PRICE OF BEING BETTER

SAAB (1991)

★★★★★

미국은 '다름'에 관대한 나라입니다. 하지만 그런 미국에서도 남들이 가지 않는 길을 택하는 건 꽤나 큰 용기를 필요로 합니다. 스웨덴 자동차 브랜드 사브는 바로 그 지점을 건드립니다. 낯선 유럽 차 구입을 망설이는 미국인들에게 '다름'은 쉽지 않다고 말하죠. 그리고 묻습니다. 그렇다면 당신은, 더 나은 것을 위해 '다름이라는 대가'를 치를 수 있냐고 말입니다. 평소 '가격'이란 뜻으로 쓰이는 price는 카피 속에서 '값어치' 혹은 '대가'라는 의미를 가집니다. 따라서 카피 속 pay the price는 '돈을 내다'가 아니라, 선택에 따른 '대가를 치르다'란 뜻의 표현입니다.

No.085

왜 아부하죠? 당신은 직접 해낼 사람인데

WHY KISS ASS WHEN YOU CAN KICK IT?

Economist (1999)

★★★★★

영국의 저명한 시사 주간지 《이코노미스트》는 묵직한 주제를 다루지만, 광고만큼은 도발적이고 재치 있기로 유명합니다. 이번에도 잡지의 상징색인 강렬한 붉은색 바탕에 커다랗게 '아부하지 말자'고 적어놓았죠. 공식적인 자리에서는 잘 쓰지 않는 ass(엉덩이)라는 단어까지 쓰면서 말입니다. kiss ass가 '비굴할 정도로 누군가에게 아부하다'란 뜻이라면, kick ass는 '멋지게 무언가를 해내다'란 의미입니다. 닮은 듯 다른 두 표현을 맞세운 카피는, 《이코노미스트》의 독자는 아부하지 않고도 직접 세상을 움직일 수 있는 지적인 엘리트(intellectual)라는 점을 암시합니다.

No.086

최고의 멋은 열린 마음입니다

AN OPEN MIND IS THE BEST LOOK

Nordstrom (2019)

★★★★★

무대 위, 연기 수업이 한창입니다. “Find the passion.(열정을 찾아봐)”, “Connect with each other.(서로 교감해봐)”라는 선생의 목소리를 배경으로 화면 위에 다양한 삶의 장면들이 펼쳐집니다. 마치 한 편의 모자이크 같죠. 열린 마음(open mind)으로 함께 살아가는 것이야말로 최고의 모습(best look)이라는 메시지를 전하는 미국 백화점 노드스트롬의 광고입니다. 유명 할리우드 배우나 명품 브랜드 대신 다양한 인종과 세대를 통해 평범한 아름다움을 보여줬죠. best look은 평소 외모나 패션처럼 겉모습을 가리킬 때 쓰이지만, 이번만큼은 내면의 아름다움을 향하고 있습니다.

No.087

완벽하게 티파니스러운 휴일

A VERY TIFFANY HOLIDAY

Tiffany & Co (2013)

★★★★★

'티파니 홀리데이'라니, 티파니앤코가 새로운 공휴일이라도 만든 걸까요? a very ~ holiday는 '아주 ~스러운 휴일'이란 뜻입니다. 따라서 카피는 '티파니'라는 이름의 공휴일을 소개하는 것이 아니라, '이번 연말은 티파니스럽게 물들어보라'는 메시지를 전하고 있죠. 이렇게 브랜드명이 하나의 형용사처럼 쓰이려면 그 브랜드만의 '색깔'이 확실해야 합니다. 1837년 설립된 미국 대표 주얼리 하우스 티파니는 상징적인 파란색, 이른바 '티파니 블루'로도 유명하죠. 이처럼 보이는 색깔뿐 아니라 브랜드 색깔(세계관)까지도 견고한 티파니이기에 브랜드명이 하나의 형용사처럼 쓰이기에도 손색이 없죠.

No.088

척에 물들어봐

GET CHUCKED

Converse (2008)

★★★★★

미국에서는 컨버스 신발을 '척(Chucks)'이라고도 부릅니다. 1920년대 농구선수 출신 척 테일러(Chuck Taylor)가 컨버스를 신고 코트를 누비며 브랜드를 널리 알린 덕분이죠. 그렇다면 컨버스를 뜻하는 '척(Chuck)'이 들어간 카피, Get Chucked는 어떤 의미일까요? 'get + 동사ed' 표현은 '~한 상태가 되다'라는 뜻으로, 동사의 행위에 젖어 듦으로써 변화한다는 뜻을 가집니다. 동사 대신 고유명사인 '척'을 넣어 마치 컨버스에 물들어보라고 외치는 듯한 카피. 젊고 반항적인 컨버스 특유의 감성을 그대로 담고 있습니다.

No.089

아재 바지가 뭐 어때서?

HELL YEAH! THEY'RE DAD PANTS.

Dockers (2025)

★★★★★

dad joke는 아빠들이 던질 법한 농담인 '아재 개그'를 뜻합니다. 이처럼 'dad + 명사'를 붙여 아빠들이 할 법한 스타일을 상징하는 표현으로는 dad joke(아재 개그), dad bod★(아재 몸매) 등이 있죠. 카피 속 dad pants 역시 '아빠의 바지'보다는 '아재 바지'쯤으로 해석할 수 있습니다. 실용적인 바지를 선보이는 도커스의 광고는 친구들과 골프를 치고, 딸과 신나게 놀아주고, 펍에서 맥주 한 잔을 즐기는 평범한 아빠의 모습을 보여주는데, 그 모든 순간을 도커스 바지 한 벌로 해결하죠. 진정한 '아재 바지'인 도커스야말로 아빠를 편안하게 한다는 메시지를 전합니다.

★ 일부러 마지막 y를 제외하는 슬랭입니다.

No.090

슬리퍼에 양말 도전?

DARE THE SLIDES AND SOCKS

Lacoste (2022)

★★★★★

1933년부터 클래식 스포츠웨어의 아이콘으로 자리잡아 온 라코스테. 브랜드 탄생 90주년을 바라보며 '뜻밖의 만남' 광고 캠페인을 선보입니다. 같은 라코스테 버킷햇을 쓴 스케이터와 어린아이, 같은 라코스테 폴로셔츠를 입은 할머니와 청년처럼, 다양한 사람들이 같은 아이템을 전혀 다른 방식으로 소화하는 모습을 보여주죠. 카피의 dare ~는 '아마 못 할걸?'이라는 뉘앙스로 도발하며 쓰는 표현입니다. 쉽게 시도하기 어려운 '슬리퍼(slides)★에 양말' 코디도 가능하겠냐고 묻는 문장. 변화를 멈추지 않는 다이내믹한 브랜드의 도전장처럼 느껴집니다.

★ 미국에서는 슬리퍼를 말할 때 'slides(슬라이즈)'라고 부릅니다.

No.091

고지식한 애들한테 휘둘리지 마

NEVER LET THE GOODY TWO SHOES GET YOU DOWN

Virginia Slims (1999)

★★★★★

담배 광고는 곤란한 숙제를 안고 있습니다. 누구나 담배가 건강에 해롭다는 것을 알지만, 그럼에도 불구하고 피고 싶게 만들어야 하기 때문입니다. 미국의 여성 흡연자를 타깃으로 하는 버지니아 슬림은 이 점을 주체적인 여성을 응원하는 방식으로 풀어왔습니다. 1960년대부터 여성 해방과 독립을 광고의 테마로 삼으며, 여성들의 자유에 대한 갈망을 건드려왔죠. 이번 카피 역시 담배 피는 여성을 부정적으로 보는 주변의 시선에 휘둘리지 말고 스스로의 스타일을 지켜가라는 메시지를 전합니다. 이때 쓰인 표현 goody two shoes는 '모범생이지만 개성도 재미도 없는 고지식한 사람'을 뜻하죠.

No.092

한 번뿐인 인생, 금발로 살래

IF I'VE ONLY ONE LIFE, LET ME LIVE IT AS A BLONDE

Lady Clairol (1960s)

★★★★★

미국인들의 대부분이 어두운 머리색을 가졌습니다. 연한 갈색이나 진한 갈색이 많고, 타고난 금발은 드물죠. 그럼에도 미국에는 금발 여성이야말로 아름답고 사랑스럽다는 인식이 고정 관념처럼 이어져왔습니다. 영화 〈금발이 너무해〉의 주인공 역시 엉뚱하고 사랑스러운 '금발'이라는 점이 핵심이었죠. 이런 '금발 환상'을 미국인들에게 심는 데 일조한 것은 다름 아닌 염색약 브랜드 레이디 클레이롤의 광고 카피였습니다. "Is it true blondes have more fun?(금발이 더 즐거운 게 사실인가요?)" 같은 문구로 여성들의 '금발병'을 돋우었죠. 이번 카피 또한 인생은 한 번뿐이니 망설이지 말고 금발로 살아보라고 권합니다.

No.093

모든 아디다스엔 이야기가 있습니다

EVERY ADIDAS HAS A STORY

Adidas (2002)

★★★★★

아디다스는 다양한 브랜드, 크리에이터와 협업하며 그들의 개성 위에 아디다스의 색깔을 입혀왔습니다. 1980년대엔 스포츠 브랜드로는 이례적으로 래퍼 런 디엠시(Run DMC)와 손잡고 음악과 패션을 이어냈죠. 현재까지도 브랜드 구찌(Gucci), 아티스트 배드 버니(Bad Bunny), 패럴 윌리엄스(Pharrell Williams) 등과 협업하며 콜라보 명가의 명성을 이어갑니다. ~ has a story는 보여지는 겉모습 너머 다채로운 '이야깃거리가 있다'는 표현입니다. 아디다스가 다양한 '이야기'를 담아내는 브랜드라는 점을 강조해주는 카피입니다.

No.094

승자는 아무나 될 수 없어

WINNING ISN'T FOR EVERYONE

Nike (2024)

★★★★★

나이키는 늘 스포츠 마니아들의 호승심을 자극해왔습니다. 주변의 시선 따위는 신경 쓰지 말고, 더 거칠고 치열하게 나이키와 승리를 향해 달려가자고 말해왔죠. 르브론 제임스, 세리나 윌리엄스 등 세계적인 선수들이 집요할 만큼 승부에 몰두하는 모습을 보여주는 광고. "이런 내가 나쁜 사람이니?(Am I a bad person?)"라고 묻는데요, 세상이 욕심 많은 나쁜 사람이라고 부를지라도 승리를 끝내 포기하지 않겠다는 메시지를 전합니다. A isn't for everyone.은 '아무나 A를 할 순 없다'는 의미로, 어려운 도전을 앞두고 쓰는 표현입니다. 마치 모든 사람이(everyone) 승리(Winning)를 쟁취할 순 없는 것처럼 말이죠.

No.095

남들이 떠들 때, 우린 이미 움직이지

WHILE OTHERS ARE TALKING, WE'RE OUT DRIVING

General Motors (1995)

★★★★★

1990년대 중반, 전기차는 낯선 기술이었습니다. 이런저런 말은 많았지만, 소비자 입장에서는 여전히 멀고 어려운 세계였죠. 이런 상황에서 미국 자동차 기업 GM(General Motors)은 prEView★라는 전기차 시범 운행 프로그램을 선보입니다. 긴 설명 대신 '직접 타보라'고 제안하는 전략이었죠. 카피 속 While others are talking은 '남들이 말할 때'보다는 '남들은 말만 할 때'라는 의미입니다. 경쟁사들이 전기차에 대해 '말만 할 때', GM은 이미 도로 위에서 고객들이 전기차를 직접 타보고 판단하게 한다는 자신감을 전합니다.

★ 프로그램 이름 속 EV는 Electric Vehicle(전기차)의 줄임말입니다.

No.096

플립폰의 편에 서겠는가

JOIN THE FLIP SIDE

Samsung (2023)

★★★★★

영화 〈스타워즈〉 속, 악의 세력은 Join the Dark side.(어둠의 편에 서라)★라며 상대편을 유혹합니다. 삼성은 접이식 스마트폰인 갤럭시 Z 플립(Flip)을 소개하며 마치 어둠의 편(Dark side)에 서듯, 이젠 플립의 편(Flip side)에 서보라고 말합니다. 〈스타워즈〉 세계관 속 뚜렷한 '선'과 '악'이 존재하듯, 삼성에게는 '애플'이라는 분명한 경쟁 상대가 있죠. 흥미로운 건 삼성이 자신들을 일반적인 '선'이 아닌 매혹적인 '악'으로 그려냈다는 점입니다. 때론 밋밋한 '선'보다 치명적인 '악'이 더 오래 기억에 남고 사랑받기 때문이죠.

★ 실제 영화에서 Join the Dark side.라고 직접 말한 캐릭터는 없지만, 영화를 대표하는 상징적인 문구로 널리 알려져 있습니다.

No.097

이번 리얼리티 쇼, 매운맛입니다

REALITY TV THAT BITES

MTV (2002)

★★★★★

'TV가 깨문다(bites)'는 말, 무슨 뜻일까요? 영어로 bite back은 가만히 있지 않고 맞받아친다는 의미입니다. 단순히 '깨물다'를 넘어, 예상치 못하게 톡 쏘아붙이거나 넘벼드는 태도를 담고 있죠. 카피는 MTV의 리얼리티 쇼 〈오스본 가족(The Osbournes)〉을 소개합니다. 록스타 오즈본 가족은 날것 그대로의 일상을 보여주는 데 거침없었죠. 고성, 욕설은 물론, 이웃집 마당에 햄을 던지는 '막장' 행동이나 암 투병과 같은 지극히 개인적인 모습까지도 대중에게 공개했습니다. 이처럼 가공되지 않은 '리얼'리티를 보여준 오스본 가족은 리얼리티 쇼 장르의 새로운 지평을 열었다는 평가를 받고 있습니다.

No.098

가끔은 잘난 척해도 괜찮아

SOMETIMES YOU SHOW OFF A LITTLE

Barneys New York (1993)

★★★★★

'잘난 척하다', '뽐내다'라는 뜻의 show off. 보통 좋지 않은 뉘앙스를 풍기지만 꼭 그렇지만은 않습니다. 이번 카피에서처럼 말이죠. 프리미엄 백화점 바니스 뉴욕은 가끔은 잘난 척도 필요하지 않냐며 으쓱해 보입니다. 〈섹스 앤 더 시티(Sex and the City)〉의 주인공 캐리가 사랑한 곳으로 유명한 이 백화점은 한때 패션인들의 성지였습니다. 그런 바니스에서 쇼핑하는 사람들에게 '보여주고 싶다'는 욕망은 자연스러웠을지도 모릅니다. 살다 보면 스스로를 빛낼 순간도 필요합니다. 그런 마음을 굳이 숨기거나 미화하지 않는 카피입니다.

No.099

당신에게 딱 맞는 박스를 선택해..에..취!

AHH-CHOOOSE A BOX THAT SAYS "YOU"

Kleenex (2000)

★★★★★

미국에서 재채기를 했을 때 가장 먼저 떠오르는 티슈 브랜드는 단연 크리넥스입니다. 휴지가 필요한지 묻는 대신 "Do you need a Kleenex?(크리넥스 필요하세요?)"라고도 하니까요. 크리넥스의 슬로건이 'Thank goodness for Kleenex!(크리넥스가 있어서 다행이야!)'일 정도입니다. 이번 카피는 재채기 소리인 ahh-choo 속에 choose(선택하다)라는 단어의 일부가 담긴 것을 재미있게 풀어냅니다. 두 단어를 매쉬업(mash-up)한 Ahh-chooose는 choose에 o를 덧붙여 재채기 소리와 '선택하라'는 뜻을 함께 전달하죠. 여러 디자인의 크리넥스 상자(box) 중에 너(you)에게 어울리는 것을 골라보라고 하면서 말입니다.

No.100

소중한 순간에는 늦어도 됩니다

BE LATE

Concord (1999)

★★★★★

일반적인 시계 광고라면 늦지 말라고 이야기하겠죠. 그런데 럭셔리 시계 브랜드 콩코드의 카피는 늦어도 된다고, 아니 늦으라고 말합니다. 광고 속 열정적으로 껴안은 연인들은, 시간을 지키는 것보다 중요한 것이 있다는 점을 상기시킵니다. 그 사실을 콩코드를 차는 이들은 알고 있다는 듯이 말이죠. 일상에서 늦지 말라는 의미로 쓰이는 말인 Don't be late.에서 Don't를 떼어내버린 Be late는 평소 시간을 지키라고 말할 때와 정반대의 표현이 됩니다. 정밀한 시간을 강조해온 명품 시계 광고가 오히려 늦어도 된다고 말하니, 그 반전이 더욱 신선하게 다가옵니다.

No.101

당당하게 일어서, 돋보이도록

STAND UP.
STAND OUT.

Time Warner (1992)

★★★★★

1992년, 미국을 뒤흔드는 사건이 발생합니다. LA 폭동이죠. 흑인 남성 로드니 킹(Rodney King)을 폭행한 백인 경찰관들이 무죄를 선고받자, 억눌려 있던 인종 차별에 대한 분노가 터져버리며 대규모 무력 시위가 일어납니다. 혼란의 시기, 미국을 대표하는 미디어 기업 타임워너는 함께 연대하여 위기를 극복하자고 제안합니다. 카피 속 stand up은 단순히 '일어서다'가 아니라 '불의에 맞서 일어서다'라는 의미를 가집니다. 이어지는 stand out은 '돋보이다'라는 뜻으로, '현실에 숨지 않고 목소리를 내다'란 표현이 되겠죠. 같은 동사 stand 뒤에 다른 부사(~ up, ~ out)가 붙으며 짧지만 강력한 의미의 카피가 완성됩니다.

No.102

모든 길에는 두 얼굴이 있습니다

THERE ARE TWO SIDES TO EVERY STREET

Pontiac (2007)

★★★★★

마치 동전의 양면 같다고 하죠. 모든 일에는 두 가지 측면이 있다는 말입니다. 이걸 영어로는 There are two sides to every story.라고 표현합니다. 미국의 자동차 회사 GM(General Motors)의 폰티악은 이 표현 속 every story를 every street로 바꿉니다. 폰티악은 우리가 차에게 바라는 두 가지 다른 모습 모두를 품어냈다는 거겠죠. 광고엔 래퍼이면서 사업가로도 성공한 50 센트가 등장합니다. 한쪽에는 화려한 무대 위 '래퍼' 50 센트가, 반대편에는 정장을 입은 '사업가' 커티스 잭슨(Curtis Jackson)★이 서 있죠. 이를 통해 폰티악 G6 GXP 스트리트 에디션은 스타일과 성능을 모두 담았음을 전합니다.

★ 50 센트의 본명입니다.

No.103

나 그렇게 재미없는 사람은 아닌데요

I'M NOT AS BASIC AS YOU THINK

Etsy (2021)

★★★★★

엣시는 셀러들이 직접 만든 핸드메이드 제품을 사고파는 플랫폼입니다. 대형 마켓의 정형화된 제품 대신, 아기자기하고 개성 넘치는 물건들을 둘러보는 재미가 있죠. 미국 아버지의 날(Father's Day)을 맞아 공개된 엣시의 영상에는 인플루언서 Holderness Family의 아빠가 등장해 늘 뻔한 선물 대신, 엣시에서 좀 더 색다른 걸 사달라고 토로하죠. basic은 '기본적인' 혹은 '일반적인'이라는 뜻이지만, 사람을 묘사할 때는 '밋밋하고 개성이 없는'이라는 의미가 됩니다. I'm not basic은 곧, '나도 취향이 있다', 즉 아빠들도 개성이 담긴 선물을 받고 싶다는 소심한 고백이겠죠.

No.104

전통, 지금을 입다

HERITAGE FOR RIGHT NOW

J Crew (2023)

★★★★★

클래식한 아메리칸 스타일의 패션 브랜드 제이 크루. 영부인 미셸 오바마가 공식 석상에서 즐겨 입은 걸로도 유명한 제이 크루의 옷은 로고가 잘 눈에 띄지 않습니다. 유행보다는 시간이 지나도 변치 않는 스타일을 현대적인 감각으로 풀어내며 헤리티지를 담아왔죠. 카피는 제이 크루가 전통과 현대를 잇는 브랜드라는 메시지를 전하기 위해 heritage(전통)와 right now(지금 이 순간)라는 상반된 단어를 나란히 놓습니다. 이렇게 서로 반대되는 단어를 병치(juxtapose)하면 신기하게도 개별 단어의 의미가 더욱 또렷해집니다. bittersweet(달콤쌉싸름한) 혹은 seriously funny(심각하게 웃긴)처럼 말이죠.

No.105

가지지 않으면 절대로 알 수 없습니다

YOU CAN'T UNDERSTAND UNTIL YOU'VE HAD ONE

Porche (1991)

★★★★★

럭셔리의 아이콘, 포르쉐. 포르쉐는 밖에서 바라볼 때는 절대 모르는, 실제로 포르쉐를 몰아야만 아는 세계가 있다고 말합니다. 단순히 '가져야 알 수 있다'가 아니라, '안 가지면 영원히 모른다'는 이야기로 넌지시 심리적 우월감(혹은 박탈감)을 부추기죠. 카피는 You can't understand until you've walked a mile in someone's shoes.(그 사람의 입장이 되어보지 않으면 이해할 수 없다)라는 영어 표현을 활용합니다. '누군가의 입장'을 그 사람의 인생을 대신해서 걸어보는 것으로 비유한 말이죠. 이처럼 경험을 해야만 알 수 있다는 말로 포르쉐를 몰아야만 알 수 있는 감각을 전합니다.

No.106

손에서 놓을 수 없을 겁니다

YOU WON'T PART WITH YOURS EITHER

Fender (1960s)

★★★★★

뮤지션에게 악기는 마치 몸의 일부와도 같습니다. 일렉 기타 등의 악기 제조사 펜더는 이처럼 내 몸과 기타가 하나가 된 것 같은 감정을 광고에 담았습니다. 기타를 들고 스카이다이빙을 하는 남자의 모습과 함께 "Wherever you go, you'll find Fender!(당신이 어디를 가든, 펜더와 함께할 겁니다!)"라고 하면서 말이죠. 영어에서 부정문 뒤에 오는 either는 '역시', '또한'이라는 뜻으로, 카피 속 either는 '너 역시 그럴 거야'라는 뉘앙스를 만들어줍니다. 다소 무모할 정도로 기타를 사랑해서 기타와 떨어질(part) 수 없는 이들에게, 마치 "너도 그렇지?"라고 속삭이는 듯한 카피입니다.

No.107

여동생 옷장에서 엄브로 테니스복은 못 찾을걸?

YOUR SISTER DEFINITELY HASN'T GOT A TENNIS DRESS WITH THIS LOGO ON IT

Umbro (2001)

★★★★★

1924년 영국에서 탄생한 축구복 브랜드 엄브로. '풋볼'의 본고장에서 시작된 만큼 축구에 진심입니다. 카피가 나왔을 당시 엄브로는 여러 분야로 확장하는 스포츠 브랜드들과 달리 오직 축구용품만을 만들며 브랜드의 정체성을 지켰었죠.* 카피는 엄브로는 '테니스'도, '패션'도 아닌 오직 '축구복'에만 집중한다는 점을 유머러스하게 드러냅니다. definitely는 '틀림없이'라는 뜻으로, 문장에 '그런 건 절대 없을걸?' 하고 으쓱하는 듯한 느낌을 더합니다. 꺾이지 않는 엄브로의 축구복에 대한 고집을 전하고 있죠.

* 현재는 스포츠웨어와 라이프 스타일 의류까지 사업 영역을 확장하였습니다.

No.108

당신 발의 소울까지 담아 설계했어요

DESIGNED TO FOLLOW EVERY HOLLOW AND CURVE OF THE HUMAN SOLE

Birkenstock (1995)

★★★★★

버켄스탁의 신발에는 발바닥의 굴곡(hollow and curve)을 본뜬 '풋베드'가 탑재되어 있습니다. 덕분에 오래 신어도 발이 편안하죠. 이번 카피는 버켄스탁이야말로 '당신 발바닥(sole)의 굴곡'뿐 아니라 '당신의 유니크한 소울(soul)'까지도 담아낸다는 메시지를 전합니다. '발바닥'을 뜻하는 sole은 soul과 발음이 동일한데, soul(영혼)은 마치 한국에서도 '소울 있다'고 하는 것처럼 '본질', '진정성'을 상징하죠. 이 두 단어를 자연스럽게 겹쳐놓으며 '너만의 발바닥(sole)'에 맞춘 '고유함(soul)'을 말하는 카피. 버켄스탁이 강조해온 편안함의 철학을 전합니다.

Part 06

Pride

흔들림 없이 당당하게

스스로의 선택과 취향에
자부심을 더하는 카피입니다.

Part 06

No.109~No.124

QR코드를 찍으면 카피가 소개된 영상이나
이미지를 볼 수 있습니다. 함께 보아야 미국 광고의
임팩트를 느낄 수 있으니 꼭 확인하세요.

No.109

전기차가 아우디했다

ELECTRIC HAS GONE AUDI

Audi (2018)

★★★★★

엘비스가 로큰롤을 발명한 건 아니지만, 로큰롤 하면 엘비스가 떠오르죠. 같은 맥락에서 아우디는 말합니다. 아우디가 전기차를 발명한 건 아니지만, 이제 전기차 하면 아우디를 떠올리게 될 것이라고요. A has gone B는 'A가 (탈바꿈해) B가 되었다'란 표현입니다. 원래라면 Audi has gone electric(아우디가 전기차가 되었다)이 되어야 할 문장을 카피는 과감히 뒤집습니다. 거꾸로 '전기차가 아우디가 되었다'라고 말이죠. 비록 전기차 시장의 후발 주자이지만 아우디가 전기차의 새로운 기준을 제시하겠다는 메시지를 선명하게 남깁니다.

No.110

물은 게임도 안 돼

WATER HAS NO GAME

Gatorade (2010)

★★★★★

경기에서 일방적으로 밀릴 때 '게임도 안 된다'고 하죠. 이처럼 have no game은 '게임이 없다'가 아니라 '상대가 되지 않는다'는 뜻입니다. 스포츠 음료 게토레이는 이를 활용해 말합니다. "Water has no carbs. Water has no electrolytes. Water has no game."이라고요. 일반적으로 쓰이는 부정문 doesn't have ~ 대신 회화체인 has no ~를 반복하는 카피. 탄수화물도, 전해질도 없는 물은 게토레이에게 '게임도 안 된다'는 겁니다. 또한 '운동 경기'를 영어로 game이라고 하니, '경기에 진심이라면' 게토레이를 마시라는 뜻도 되죠.

No.111

괜찮다마다요

MORE THAN OKAY

Pepsi (2019)

★★★★★

비교 광고가 가능한 미국에서는 2위 브랜드가 1위 브랜드를 재치 있게 '디스'하기도 합니다. 펩시 광고가 대표적인 예죠. 광고는 미국식 다이너(diner)에서 손님이 콜라를 주문하는 모습으로 시작합니다. 직원이 "Is Pepsi okay?(펩시도 괜찮으시겠어요?)"라고 묻자, 옆자리의 배우 스티브 카렐(Steve Carell)이 벌떡 일어나 외칩니다. "Pepsi is more than okay!" 여기서 more than okay는 '괜찮은 정도가 아니라, 그 이상으로 좋다'는 뜻입니다. 늘 코카콜라에게 1등 자리를 내어주는 펩시. 만년 2위인 점을 오히려 유머와 자신감으로 당당하게 드러냅니다.

No.112

후회하는 사람이 있고, 만족하는 사람도 있죠

THERE ARE PEOPLE WHO SHOULDA, COULDA, WOULDA. AND THERE ARE PEOPLE WHO ARE GLAD THEY DID.

United Airlines (2004)

★★★★★

'했었어야 했는데'의 should have, '할 수도 있었는데'의 could have, 그리고 '했을 텐데'의 would have. 모두 과거 행동에 대한 아쉬움을 담는 '조동사 + have + 과거분사' 구조를 만듭니다. 빠르게 이어 말하면 뒤의 have 발음이 묻히면서 shoulda, coulda, woulda처럼 들리는데, 미국에서는 이를 '후회 3종 세트'처럼 묶어 '아쉬워해봤자 소용없지'라는 의미로 사용합니다. 미국의 유나이티드 항공사는 이 표현을 빌려 '다른 항공사를 타고 나중에 후회하지 말라'는 메시지를 전합니다. 유나이티드를 타면, 타길 잘했다는 생각이 들 거라며 말이죠.

No.113

이 광고를 읽지 마세요. 그냥 시바스 리갈을 맛보세요.

DON'T BOTHER TO READ THIS AD. JUST TASTE CHIVAS REGAL.

Chivas Regal (1963)

★★★★★

미국 광고 산업이 빠르게 성장하던 1960년대, 고급 위스키 브랜드 시바스 리갈은 일반적인 광고 문법을 비껴가며 주목을 받습니다. '광고를 읽지 말라'는 문장을 다름 아닌 '광고'에서 선보인 거죠. 장점을 부각하는 당대 브랜드들과 달리 한 걸음 물러서는 모습이 인상적입니다. 그런데 신기하죠? 하지 말라고 하니 오히려 더 관심이 가니 말입니다. Don't bother to ~는 '굳이 ~하지 마세요'라는 뜻입니다. 카피는 '광고가 필요 없을 정도'라는 표현으로, 진정한 럭셔리는 경험으로 증명된다는 메시지를 전합니다.

No.114

개성 있는 차는 많습니다.
감탄을 자아내는 차는 포드입니다.

SOME CARS MAKE A STATEMENT. THIS ONE MAKES AN EXCLAMATION.

Ford (1990)

★★★★★

미국의 도로 위엔 실로 다양한 차들이 달립니다. 신기한 건 차와 운전자가 서로 닮아 있다는 점입니다. 청바지를 입은 카우보이는 커다란 트럭을, 정장 차림의 비즈니스맨은 번쩍이는 세단을 몹니다. 이렇게 자신의 개성을 멋지게 드러내는 것을 make a statement라고 하죠. 포드의 카피는 이처럼 자동차가 자신의 개성을 드러내는 수단이라는 점에 집중합니다. 그리고 한 발짝 더 나아가, 다른 차들이 '당신의 존재감을 드러내주기만 한다면' 포드는 '감탄까지도 자아내는(make an exclamation)' 유일한 차라고 말하죠.

No.115

빵과 버터는 우리가 전문입니다

BREAD AND BUTTER IS OUR BREAD AND BUTTER

The Original Farmers Market (2025)

★★★★★

한국 식탁에서 빼놓을 수 없는 게 '밥'이라면, 미국은 '빵과 버터'일 겁니다. 그래서 미국에서는 내 '밥줄'이라는 표현을 bread and butter라고 하는데, '전문 분야'라는 의미로도 쓰입니다. LA에 위치한 더 그로브 몰(The Grove)의 파머스 마켓은 이 표현을 적극 활용합니다. 같은 단어가 여러 번 보여 의아할 수 있지만, '빵과 버터(bread and butter)'는 우리가 '전문(bread and butter)이야'라는 말이죠. 로컬 농산물과 음식을 파는 파머스 마켓. 빵과 버터가 '빵과 버터'인 사람들이 만든 빵과 버터는 무슨 맛일지, 궁금한 마음에 발걸음을 멈추게 됩니다.

No.116

40년 전, 쉐보레는 미국의 숨을 멎게 했습니다.
누구도 되찾아오지 못하도록요.

40 YEAERS AGO, WE TOOK AMERICA'S BREATH AWAY. NOBODY HAS CAUGHT IT YET.

Chevrolet (1992)

★★★★★

영어에도 숨이 멎을 정도로 놀랍다는 표현이 있습니다. take one's breath away인데, '~의 숨을 멎게 하다', '~를 매력에 빠지게 하다'라는 뜻이죠. 미국의 자동차 브랜드 쉐보레는 바로 자신들이 미국의 숨을 멎게 한 장본인이라고 말합니다. 나아가 자신들만큼 미국의 마음을 사로잡은 차는 없었다고 말하죠. 카피 속 it은 바로 쉐보레가 40년 전에 사로잡은 '미국의 숨(America's breath)'을 뜻합니다. take breath away(숨을 멎게 하다)와 catch breath(숨을 되찾다). breath를 활용한 두 가지 표현을 자연스럽게 이어지도록 녹여낸 점이 인상 깊습니다.

No.117

품질은 유행을 타지 않습니다

QUALITY NEVER GOES OUT OF STYLE

Levi's (1980s)

★★★★★

미국을 대표하는 옷을 하나 꼽으라면 단연 '청바지'일 겁니다. 19세기 미국의 골드러시(Gold Rush) 시절, 거친 환경에서도 쉽게 찢어지지 않는 작업복으로 탄생한 청바지는 시작부터 실용적인 옷이었죠. 1853년 탄생해 미국 청바지의 상징이 된 리바이스는 오늘날까지도 많은 미국인들이 즐겨입는 브랜드입니다. out of style은 '유행이 지난'이라는 뜻인데, 함께 쓰인 go(es)는 '가다'가 아니라 '~하게 되다'를 의미합니다. 수많은 유행이 지나가게 되어도, 결국 유행에서 벗어나지 않는 건 다름 아닌 '품질'이라는 메시지를 전하고 있죠.

No.118

최고라면 모두 딕스로

DICK'S IS THE GOAT

Dick's Sporting Goods (2025)

★★★★★

카피 속 딕(Dick)은 누구고, 염소(GOAT)는 왜 등장하는 걸까요? 딕스는 대형 스포츠용품점 Dick's Sporting Goods를 흔히 줄여 부르는 이름입니다. GOAT는 염소가 아니라 Greatest Of All Time의 약자로, '역대 최고 선수'를 뜻하는 표현이죠. 딕스의 광고에는 각 스포츠 분야의 GOAT라고 불리는 톰 브레이디(Tom Brady), 케빈 듀란트(Kevin Durant)와 같은 정상급 선수들이 등장하고, 약간의 유머를 곁들여 마지막에는 진짜 염소(goat)까지 나옵니다. '딕스는 역대급이다', '모든 GOAT들이 선택하는 곳'이라는 메시지를 전하고 있죠.

No.119

뷰티는 뷰티를 진짜 아는 사람들로부터

GET BEAUTY FROM PEOPLE WHO GET BEAUTY

Sephora (2025)

★★★★★

"Got it!(알았어!)"이라고 흔히 말하죠. 이처럼 get은 '사다', '구하다'란 뜻뿐 아니라 '이해하다'란 의미도 있습니다. 미국의 뷰티 리테일러 세포라는 get이 가진 두 가지 의미를 비슷한 듯 다르게 하나의 카피 속에서 활용해냅니다. 카피에는 get beauty가 두 번 등장하는데, 첫 번째는 '뷰티 제품을 사다', 두 번째는 '뷰티를 잘 이해하다'란 뜻으로 쓰였습니다. 내게 꼭 맞는 뷰티 제품을 사기 위해서는, 인터넷 추천이나 리뷰를 읽는 것보다, '뷰티를 잘 아는' 사람들이 모인 세포라에 방문하는 게 최고라는 의미이죠.

No.120

실릴 가치 있는 모든 뉴스

ALL THE NEWS THAT'S FIT TO PRINT

New York Times (1897)

★★★★★

19세기 후반, 미국 언론은 선정적이고 과장된 기사들로 가득했습니다. 이때 《뉴욕타임스》의 발행인 아돌프 옥스(Adolph S. Ochs)는 '황색 저널리즘(yellow journalism)'에 편승하지 않겠다고 선언합니다. '대중에게 의미 있는 정보만을 제공하겠다'는 철학을 담은 슬로건을 내걸면서 말이죠. 'fit + to부정사'는 '~하기에 적합한'이란 뜻인데, 카피에 대입하면 '인쇄하기에 적합한 모든 뉴스'가 됩니다. 보도 가치가 있는 뉴스만을 '모두' 담겠다는 약속이자, 오늘날까지도 《뉴욕타임스》가 지키고 있는 보도 원칙이기도 합니다.

No.121

결국, 기본으로 돌아옵니다

YOU ALWAYS COME BACK TO THE BASICS

Jim Beam (1991)

★★★★★

분명 위스키 광고인데 지면에는 온통 햄버거뿐입니다. 광고는 소박한 햄버거가 해를 거듭할수록 빵 종류도 변하고 재료를 더하며 점점 화려해지는 모습을 보여줍니다. 과하다 싶을 정도로 기교를 부리던 버거, 어느 순간 멈춰서는 다시 처음의 소박한 모습으로 돌아옵니다. 그리고 카피와 함께 짐빔 위스키가 등장하죠. come back to the basics는 '다시 기본으로 돌아오다'라는 뜻으로, 익숙한 맛이 가장 오래 사랑받는다는 메시지를 전합니다. 마치 기본에 충실한 브랜드, 짐빔 위스키처럼 말입니다.

No.122

그냥 게임일 뿐이라고 말하지 마

WHOEVER SAID IT'S JUST A GAME BETTER TAKE A CLOSER LOOK

Champion (1990)

★★★★★

It's just a game.은 '그냥 게임일 뿐이잖아'라며 대수롭지 않게 넘길 때 쓰는 표현입니다. '승부 따위 중요하지 않다'는 말이죠. 챔피온은 이 말에 정면으로 반박합니다. "그냥 게임일 뿐이라니?"라고 되물으며 "그런 말 하는 사람들, 제대로 보라 그래"라고 말하죠. '자세히 살펴보다'란 의미의 take a closer look을 사용하면서요. 선수들이 게임에 쏟는 노력을 가볍게 보지 말라는 메시지를 전하는 카피인 동시에, 챔피온이야말로 승부에 최선을 다하는 진지한 선수들을 위한 브랜드라는 여운을 남깁니다.

No.123

당신의 진심을 담아냅니다

TAKING YOUR WORDS SERIOUSLY

Crane's (1997)

★★★★★

1879년부터 미국 달러 용지를 공급해온 제지업체 크레인즈는 퀄리티 좋은 종이로 명성을 쌓아왔습니다. 1990년대에 팩스가 편지를 대체하기 시작하자 크레인즈는 말합니다. 특별한 메시지엔 여전히 품격 있는 종이가 어울린다고요. seriously는 '심각하게'라는 뜻도 있지만, take one's words seriously라고 하면 '~의 말을 진지하게 받아들이다'라는 의미가 됩니다. 카피는 '(크레인즈는) 당신의 이야기를 진심으로 듣는다'는 말이면서, 동시에 '종이야말로 당신의 말을 더 깊이 있게 전해준다'는 크레인즈의 신념을 담아내고 있습니다.

No.124

진짜만 고집합니다

AS REAL AS IT GETS

Chipotle (2017)

★★★★★

미국에서 3,000개 이상의 매장을 운영하는 브랜드 치폴레는 타코, 부리토와 같은 멕시칸 음식을 신선한 '진짜(real) 재료'로 조리한다는 걸 차별화로 삼아왔습니다. 이런 치폴레의 real함이 주된 컨셉인 광고는 거대한 부리토 속에서 펼쳐지는 가상의 세계를 보여줍니다. 이 세계의 규칙은 단 하나, 진짜(real) 이야기만 해야 한다는 거죠. 부리토 속에서 오가는 진솔한 대화(real talk)는 진짜(real) 재료만 사용하는 치폴레의 철학과 맞닿아 있습니다. as real as it gets는 '이보다 더 진짜일 순 없다'는 말로, 치폴레의 건강한 이미지를 강조해줍니다.

Part 07

Belonging

다름 속에서 하나로

각자의 개성이 모여 우리가 됩니다.
포용의 메시지를 담은 카피를 만나보세요.

Part 07

No.125~No.140

QR코드를 찍으면 카피가 소개된 영상이나
이미지를 볼 수 있습니다. 함께 보아야 미국 광고의
임팩트를 느낄 수 있으니 꼭 확인하세요.

No.125

돈으로 살 수 없는 가치가 있습니다.
나머지 모든 것들에는 마스터카드가 있습니다.

THERE ARE SOME THINGS MONEY CAN'T BUY. FOR EVERYTHING ELSE THERE'S MASTERCARD.

Mastercard (1997)

★★★★★

들뜬 표정으로 야구장에 입장하는 아빠와 아들. 화면에는 아빠가 구매하는 티켓, 간식거리의 가격이 차례로 나열됩니다. 그리고 광고의 마지막 장면에서, 행복하게 경기를 보는 두 사람 위로 이런 문장이 뜹니다. Real conversation with 11-year old son: Priceless(11살짜리 아들과의 대화, 값을 매길 수 없음). 여기서 priceless는 '가격이 적다'는 게 아니라 '값을 매길 수 없을 정도(로 소중하다)'라는 뜻입니다. 카드 회사가 '돈으로 살 수 없는 것들'을 이야기하는 것이 다소 역설적이지만, 결국 그런 인생의 소중한 추억을 쌓는 데 필요한 건 다름 아닌 마스터카드라는 반전이 있죠.

No.126

땀으로 맺은 동반자

PARTNER IN SWEAT

Lululemon (2020)

★★★★★

1991년 개봉한 영화 〈델마와 루이스〉는 범죄를 저지르고 함께 도망치는 두 친구의 이야기입니다. 세상 끝까지 함께하는 마지막 장면은 미국 대중문화에서 의리를 상징하는 신으로 남았죠. 이 둘과 같은 끈끈한 '공범'을 영어로는 partner in crime이라고 하는데, '어떤 행동을 함께 하는 마음이 맞는 동지'라는 의미도 담고 있습니다. 룰루레몬은 원래라면 crime이 들어갈 위치에 sweat를 넣어 말 그대로 '함께 땀을 흘리는 동지'의 의미를 전합니다. 운동을 통한 성장과 유대를 꿈꾸는 룰루레몬의 브랜드 철학을 담은 표현이죠.

No.127

결국엔, 집입니다

IT'S GOOD TO BE HOME

HBO Max (2025)

★★★★★

HBO는 〈왕좌의 게임〉, 〈체르노빌〉과 같은 오리지널 시리즈로 유명한 채널입니다. 그런 HBO의 스트리밍 서비스 HBO Max 역시 방대한 영상 라이브러리를 자랑하죠. 광고는 "We have to go home.(이제 집에 가야 해)"이라는 대사와 함께 주인공들이 '귀환'하는 모습을 보여줍니다. 가족의 품으로 돌아오거나 연인이 다시 재회하는 장면들은, 위대한 이야기를 관통하는 테마는 '집으로 돌아오는 여정'이라는 걸 떠올리게 합니다. 이처럼 카피 속 home은 이야기 속 '귀환'을 상징함과 동시에 물리적인 '집'도 의미합니다. HBO가 Home Box Office의 약자이기에 집(home)은 특별한 의미를 가지죠.

No.128

단 하루, 우리는 모두 금빛 꿈을 꿉니다

THERE IS ONE NIGHT WE ALL DREAM IN GOLD

Oscar (2016)

★★★★★

아카데미 시상식 광고. 배우 모건 프리먼이 '꿈(dream)'을 주제로 내레이션을 이어갑니다. 누군가는 세상을 바꾸겠다는 꿈을 꾸고(Some dream of changing the world), 누군가는 사랑에 빠지기를 꿈꾸지만(some dream of falling in love), 단 하루, 오스카의 밤만큼은 모두가 찬란한 금빛 꿈을 꾼다(there is one night, we all dream in gold)고 하면서요. dream은 뒤에 오는 전치사에 따라 의미가 달라집니다. dream of는 미래에 대한 소망, dream in은 어떤 감각적인 분위기의 꿈을 의미하죠. 카피는 마지막 문장에서만 전치사를 바꿔, 모두가 오스카 상을 손에 쥐는 '금빛 꿈'을 꾼다는 메시지를 전합니다.

No.129

모든 꿈은 팀이 필요해요

EVERY DREAM NEEDS A TEAM

Mercedes F1 (2025)

★★★★★

스포츠를 사랑하는 미국. 승리에만 열광하는 듯 보이지만 팀의 헌신에도 깊은 존중을 보냅니다. 연간 수조 원이 움직이는 초대형 비즈니스인 레이싱 스포츠, 포뮬러 원(F1)도 예외는 아니죠. 비록 스포트라이트는 드라이버에게 쏠리지만, 그 뒤에는 0.1초를 다투며 차량을 정비하는 수많은 크루(crew)들이 있습니다. 메르세데스 F1 팀의 카피는 dream과 team 두 단어의 라임을 더해, '꿈(dream)을 이루기 위해서는 반드시 팀(team)이 필요하다'고 말합니다. 이때 쓰인 'every + 명사 + 동사' 구조는 '모든 (명사)는 (동사)하다'라는 뜻으로, 보편성을 말하는 표현입니다.

No.130

나보다 커졌지만 아들은 여전히 나를 우러러봅니다

HE'S 6'1", BUT HE STILL LOOKS UP TO ME

AdoptUSKids (2025)

★★★★★

look up to는 '위를 바라보다'란 뜻도 있지만 '누군가를 우러러보다'란 의미도 가집니다. 광고 속 훌쩍 자란 아들은 이제 엄마를 '내려다보고' 있죠. 그럼에도 마음만은 여전히 엄마를 'look up to(우러러보다)'한다고 말합니다. 입양을 지원하는 단체 AdoptUSKids의 카피는, 입양으로 맺어진 엄마와 아들도 여느 가족처럼 서로를 사랑한다는 메시지를 따뜻하게 전합니다. 미국은 한국과 단위 체계가 다른 부분이 꽤 많습니다. 온도는 화씨(°F)로, 무게는 파운드(lb)로, 키는 피트(ft)와 인치(in)로 표현하죠. 6'1"는 185cm 정도로, six foot one 혹은 six one이라고 읽습니다.

No.131

눈에서 눈으로

EYE TO EYE

Ray Ban (2016)

★★★★★

상대방의 눈을 단 4분간 바라보는 것만으로도 정서적 연결이 가능하다는 연구가 있습니다. 선글라스 브랜드 레이밴은 이 연구를 실제 실험으로 옮깁니다. 두 남녀가 마주 앉아, 서로의 눈을 4분간 지긋이 바라보도록 하는 거죠. 남자는 복싱으로 분노를 다스렸던 과거를, 여자는 어머니로부터 느낀 외로움을 솔직하게 털어놓습니다. 최근 나는 상대의 눈을 얼마나 바라보았나 생각하게 되죠. eye to eye는 마음이 통하고 서로를 이해한다는 뜻으로, 흔히 쓰는 an eye for an eye(눈에는 눈, 이에는 이)와는 다른 표현입니다. 눈을 보호하는 브랜드 레이밴. 이젠 눈으로 '연결'되는 경험을 이야기합니다.

No.132

결승전의 주인공은 우리야

WE ARE ALL IN THE FINALS

NBA (2023)

★★★★★

48분 동안 펼쳐지는 농구 경기. 뛰는 선수도, 보는 관중도 쉴 틈이 없습니다. 손에 땀을 쥐고 경기를 따라가다 보면 엉덩이가 들썩이고, 경기장은 출렁이는 함성의 롤러코스터가 되어버리니까요. 어쩌면 코트 위 열 명의 선수는 수백만 팬들의 심장 소리에 맞춰 뛰고 있는지도 모릅니다. 미국 프로농구 NBA는 이처럼 '경기는 관중과 함께 완성된다'라는 메시지로, 시즌 결승전인 NBA 파이널(NBA Finals) 시청을 권합니다. 정관사 the를 붙이면 '독보적인 것' 혹은 '상징적인 존재'란 의미가 더해집니다. 마치 NBA 결승전은 그 자체로 하나의 고유명사가 되었다는 것을 보여주듯이 말이죠.

No.133

반려동물의 마음으로 골랐어요

IT'S WHAT WE'D WANT IF WE WERE PETS

Petco (2021)

★★★★★

미국의 반려동물 전문매장 펫코의 광고. 잠시 사람의 몸을 빌린 강아지가 속마음을 털어놓습니다. "Petco makes it easy for my family to satisfy my discerning tastes.(펫코 덕분에 우리 가족이 내 까다로운 입맛을 쉽게 맞출 수 있다니까)"라고 말이죠. 우리는 종종 말할 수 없는 반려동물이 무엇을 원할지, 어떤 것이 필요할지 궁금해하죠. if I/we were ~는 '내가/우리가 ~라면'이란 뜻으로, 가정해서 말할 때 쓰는 표현입니다. 카피 속 if we were pets는 '우리가 반려동물이라면'이라는 말로, 펫코야말로 반려동물이 정말로 원하는 것이 무엇인지 알고 있다는 메시지를 전합니다.

No.134

한번 토이저러스 어린이는, 영원히 토이저러스 어린이

ONCE A TOYS"R"US KID, ALWAYS A TOYS"R"US KID

Toys"R"Us (1996)

★★★★★

어릴 때 들었던 만화 주제가처럼, 어려서 들은 광고 징글★은 오래도록 기억에 남습니다. 그게 장난감 가게 광고라면 말할 것도 없겠죠. 대부분의 미국인들은 토이저러스의 시그니처 징글, "I don't wanna grow up, I'm a Toys"R"Us kid(난 어른이 되기 싫어, 난 토이저러스 어린이니까)"를 듣고 자랐다고 해도 과언이 아닙니다. 광고는 아이들이 어른이 되어서도 토이저러스의 징글을 부르는 모습으로, 토이저러스 어린이는 변치 않는다는 메시지를 전합니다. 이때 사용한 표현인 once a A, always a A는 '한번 A는 영원한 A'라는 뜻입니다.

★ 징글(jingle)은 짧고 반복적인 멜로디로 브랜드나 제품을 쉽게 기억하게 하는 광고용 노래입니다.

No.135

미워하는 이유가 어이없네요

THE REASONS FOR HATE ARE AS STUPID AS THEY SOUND

Foundation to Combat Antisemitism (2025)

★★★★★

미국 미식축구의 전설 톰 브레이디(Tom Brady)와 웨스트코스트 힙합의 아이콘 스눕독(Snoop Dogg). 겉모습도, 살아온 스타일도 다른 두 사람이 서로를 노려보며 미워하는 이유를 소리치기 시작합니다. “네가 다른 동네 출신이라서 싫어!”, “내 친구들이 네가 싫다고 해서 싫어!” 어처구니 없는 이유들이 오가다 누군가 외칩니다. “I hate you because you're different!(난 네가 달라서 싫어!)” 미국 사회의 유대혐오(antisemitism)에 대한 경각심을 주기 위한 광고입니다. as stupid as they sound는 ‘말도 안 되는 소리’라는 의미로, 혐오의 본질은 나와 다른 사람에 대한 ‘막연한 거부’라는 점을 꼬집고 있습니다.

No.136

식사는 경쟁이 아닙니다

IT'S A MEAL, NOT A COMPETITION

IKEA (2016)

★★★★★

요즘은 음식이 나오면 스마트폰부터 꺼내죠. 사진을 다 찍을 때까지 주변에서 기다려주는 풍경도 낯설지 않습니다. 스웨덴의 글로벌 가구 회사 이케아는 몇백 년 전 유럽 귀족의 식탁을 보여주며 오늘날의 모습을 풍자합니다. 잘 차려진 음식(meal)을 앞에 두고도 꼼짝하지 않는 가족들. 궁정 화가가 식사 장면을 다 그릴 때까지 기다려야 하기 때문입니다. It's not a competition.은 '이건 시합이 아니잖아'란 뜻으로, 힘 좀 빼도 된다는 표현입니다. 좋은 가구로 의미 있는 시간을 추구해온 이케아. 과시보다는 사랑하는 사람들과의 식사 시간을 소중히 하자는 메시지를 전합니다.

No.137

스타벅스에서 만나요

MEET ME AT STARBUCKS

Starbucks (2014)

★★★★★

'제3의 공간(third space)'은 스타벅스가 스스로를 정의하는 말입니다. '집과 오피스 사이의 공간'으로 커피 한 잔을 두고 친구를 만나거나 책을 읽고, 잠시 재충전을 할 수도 있는 곳이죠. 이처럼 '공간'에 대한 철학이 남다른 커피 브랜드 스타벅스가 흥미로운 일을 벌입니다. 파리, 리우데자네이루 등 28개국, 59개 매장에서 24시간 동안 벌어지는 일을 한 편의 영상에 담은 거죠. 사람들은 스타벅스에서 새 생명의 탄생을 축하하고, 농담을 나누고, 깜짝 파티를 엽니다. 단순히 커피를 사러 가는 곳이 아니라 '사람과 사람을 이어주는 장소'로서 스타벅스를 떠올리게 하는 광고입니다.

No.138

미국의 부기장

AMERICA'S CO-PILOT

Marathon (2023)

★★★★★

주민등록증 대신 운전면허증을 쓰는 나라*, 미국. 미국인들은 만 16살이 되면 면허를 따고 운전대를 잡습니다. 이처럼 운전은 어른으로서의 첫걸음이자 매일의 일상이죠. 이런 미국인들에게 운전석의 'co-pilot(부기장)'이 되겠다고 나선 정유회사가 있습니다. 바로 미국 전역에서 약 7,000개의 주유소를 운영하는 브랜드, 마라톤입니다. 항공기의 부기장을 뜻하는 co-pilot은 '믿을 수 있는 조력자'라는 의미로도 쓰입니다. 카피는 먼 여행길에도, 집 근처 마트를 가는 짧은 드라이브에도 언제나 곁을 지키며 당신의 하루를 함께하겠다고 말하고 있죠.

★ 미국은 국가 신분증 제도가 없습니다. 대신 각 주(state)가 발급하는 운전면허증이나 주 신분증(state-issued ID card)이 주민등록증의 역할을 합니다.

No.139

우유, 마시고 있지?

GOT MILK?

California Milk Processor Board (1993~)

★★★★★

우유 광고일까요, 잡지 화보일까요? 20년 넘게 이어지며 한 세대를 풍미한 미국의 '우유 마시기 캠페인'에는 마이클 조던, 비욘세, 폴 매카트니, 줄리아 로버츠처럼 스포츠, 음악, 영화계를 넘나드는 스타들이 총출동합니다. 그런데 자세히 보면 모두 얼굴에 공통점이 하나 있습니다. 방금 우유를 마신 듯, 입술 위에 하얀 우유 수염(milk mustache) 자국이 남아 있죠. 카피를 직역하면 '우유, 있니?'이지만, 광고의 문맥을 고려하면 '너도 나처럼 우유 마시고 있지?'라는 의미가 됩니다. 화려한 셀러브리티 라인업으로 우유 마시기를 더 대중적으로 만든 캠페인이죠.

No.140

갈이의 가치

FRIENDSHIP PAYS

Monopoly Go! (2024)

★★★★★

미국 가정집에 하나씩은 있다고 해도 과언이 아닌 보드게임, 모노폴리. 모노폴리는 땅을 사고 빌딩을 세우며 자산을 모으는 보드게임인데, Monopoly Go!는 이것의 모바일 버전입니다. pay는 '대가를 지불하다'라는 뜻도 있지만 '보상을 받다'라는 의미도 있죠. 친구들과 게임을 하다 보면 '재미'라는 보상을 받게 되듯 말입니다. 하지만 모노폴리를 하다 보면 누군가는 파산도 하고 배신도 하게 됩니다. 따라서 카피 속에는 '우정도 대가를 지불해야 한다'란 유머도 숨어 있죠. 모노폴리의 본질인 '돈을 버는 재미'와 '친구들과 함께하는 즐거움'을 함께 담아낸 카피입니다.

Part 08

Care

마음을 건네는 일

작은 배려에서 시작되는 따뜻함.
누군가의 하루를 더 좋게 만드는 카피를 모았습니다.

Part 08

No.141~No.162

QR코드를 찍으면 카피가 소개된 영상이나
이미지를 볼 수 있습니다. 함께 보아야 미국 광고의
임팩트를 느낄 수 있으니 꼭 확인하세요.

No.141

세상을 바꾸는 맛은 다양해요

PROGRESS COMES IN MANY FLAVORS

Ben & Jerry's (2024)

★★★★★

통상적이지 않은 길을 걸어온★ 아이스크림 브랜드 벤앤제리즈. 록스타 제리 가르시아(Jerry Garcia)를 기리는 '체리 가르시아(Cherry Garcia)', 심야 토크쇼 〈투나잇 쇼(The Tonight Show)〉를 패러디한 '더 투나잇 도우(dough)'처럼 개성 있는 맛들을 선보여왔죠. 아이스크림 회사이지만, 차별 반대와 같은 사회적 이슈에도 목소리를 내왔습니다. ~ comes in many flavors는 어떤 것을 하는 데 '여러 방식이 있다'란 표현입니다. '다양한 아이스크림 맛(many flavors)'처럼, 다양성을 존중하며 더 나은 사회를 만드는 방법도 여러 가지라는 메시지를 전합니다.

★ 창업 초기부터 현재까지 평등, 기후 변화, 난민 보호, 인종차별 반대 등의 사회적 이슈에 목소리를 내고 있습니다.

No.142

패션, 우리와는 상관없는 일입니다

FASHION IS NONE OF OUR BUSINESS

Patagonia (2024)

★★★★★

유행 따라 옷이 소비되고 버려지는 패스트 패션(fast fashion)의 시대. 모두가 패셔너블함을 외칠 때 '우리는 패셔너블하지 않다'라고 말하는 브랜드가 있습니다. 친환경 아웃도어 브랜드 파타고니아죠. '너와는 상관없는 일'을 뜻하는 none of your business를 활용한 카피는 패션은 '우리와는 상관없는 일'이라고 단호히 말합니다. 그렇다면 파타고니아에게 진짜 '상관있는 일(real business)'은 무엇일까요? 광고는 유행을 타는 옷이 아닌, 오래 입을 수 있는 좋은 옷을 만드는 일이야말로 지구를 위하는 파타고니아의 소명이라 말합니다.

No.143

키 큰 사람들의 키다리 아저씨

SOMEONE HAS TO STAND UP FOR TALL PEOPLE

JetBlue (2010)

★★★★★

비행기 안에서는 키 큰 사람들이 도리어 '약자'라는 발상에서 출발한 카피입니다. 타사보다 다리를 펼 수 있는 공간(leg room)을 넓게 제공하는 미국 항공사 젯블루는 키가 큰 '약자' 편에 서는 항공사라는 말을 하고 있죠. 좌석 간격이 넓으니 키가 큰 고객들도 편안하게 여행할 수 있다는 의미입니다. stand up for는 '~를 위해 맞서 싸우다', '~를 지지하다'라는 뜻으로, 보통 사회적 약자에게도 공정한 기회를 달라고 요구할 때 쓰는 표현입니다. 키가 커서 '억울한' 사람들이 한번 더 돌아볼 만한 카피네요.

No.144

온 세상과 코카콜라 한 잔을 나눠요

I'D LIKE TO BUY A WORLD A COKE AND KEEP IT COMPANY

Coca-Cola (1971)

★★★★★

"I'd like to buy you a drink.(제가 술 한 잔 대접하고 싶은데요)"는 영화 속 주인공이 마음에 드는 상대에게 건넬 법한 말이죠. 코카콜라는 이 표현을 살짝 바꿔 '콜라 한 잔'을 '온 세상'에 대접하고 싶다고 말합니다. '함께하겠다, 곁에 있겠다'란 뜻의 keep it company까지 더하며 말이죠. 반전과 인권 운동이 뜨거웠던 1970년대, 다양한 인종의 젊은이들이 합창을 하는 이 광고는 한 편의 뮤직비디오처럼 당시의 시대정신을 담아냅니다. 광고가 나간 뒤 노래를 다시 들려달라는 요청이 빗발치자, 노래는 '코카콜라' 브랜드명을 뺀 팝송으로 재탄생하기도 했습니다.

No.145

버린다는 건 없습니다.
어딘가에 남을 뿐이죠.

DON'T THROW ANYTHING AWAY. THERE IS NO AWAY.

Shell (2007)

★★★★★

throw away는 '(쓰레기 등을) 던져버리다'란 뜻입니다. 하지만 우리가 버리는 것들은 정녕 사라질까요? 글로벌 에너지 기업 쉘은 아니라고 말합니다. 던질(throw) 수는 있어도, 없어지는(away) 것은 아니라고요. 단어의 의미를 새롭게 바라보게 하며, 우리가 버린 것들이 지구 어딘가를 맴돌다 다시 돌아올 거라는 메시지로 환경 보호에 대한 경각심을 일깨웁니다. 광고는 공장 굴뚝에서 연기가 아닌 꽃이 피어나는 모습을 보여줍니다. 쉘이 이산화탄소를 온실 꽃 재배에 재활용하는 사실을 알리며, 사회적 책임을 실천하려는 기업의 의지를 담아냅니다.

No.146

당신이 누군가를 돌보듯, 당신을 돌봐주는 차입니다

THE CAR THAT LOOKS AFTER YOU, LIKE YOU LOOK AFTER OTHERS

Volvo (2020)

★★★★★

광고는 하루 종일 아이를 보살피느라 정신없는 부모의 하루를 그립니다. 결국 녹초가 된 엄마는 운전을 하다 깜빡 졸고, 반대편 차선으로 넘어간 엄마의 차를 향해 커다란 트럭이 돌진해오죠. 숨막히는 순간, 볼보의 차선 유지 기능(Lane Keeping Aid)이 작동하며 차를 제자리로 돌려놓습니다. look after는 '~를 보살피다'라는 뜻입니다. 안전을 중시하는 많은 미국인들이 패밀리 카로 선택하는 볼보. 늘 가족을 먼저 챙기느라 정작 자신을 돌볼 틈이 없는 부모를, 이젠 볼보가 지켜주겠다는 메시지를 전합니다.

No.147

언제나 귀 '귀'울이고 있어

WE'RE ALL EARS

Claire's (2022)

★★★★★

클레어스는 북미에만 약 1,500개의 매장을 둔 액세서리 전문 브랜드입니다. 귀걸이, 헤어핀, 팔찌와 같은 액세서리가 가득해 한번 들어가면 빈손으로 나오기 어렵죠. 특히 미국 소녀들이 귀를 뚫는(pierce) 곳이기도 해서, 귀와 관련한 다양한 경험을 제공합니다. be all ears는 '귀 기울여 듣다'라는 뜻입니다. 이 뜻을 염두에 두고 카피를 읽으면 '우린 고객의 소리에 귀를 기울입니다'가 되죠. 하지만 직역해보면 어떨까요. 그럼 '우린 온통 귀입니다', 즉 귀와 관련해서는 누구보다 진심이라는 말도 됩니다. 두 가지 의미 모두 클레어스가 지향하는 바를 담고 있죠.

No.148

장바구니에 담지 않았어요

IT'S WHAT'S NOT IN THE BAG

Whole Foods Market (2025)

★★★★★

홀푸드는 미국을 대표하는 유기농 식품 매장입니다. 신선한 과일과 채소, 높은 퀄리티의 자체 제작 상품으로 믿을 수 있는 먹거리를 찾는 소비자들에게 사랑받고 있죠. 그런 홀푸드가 장바구니를 걸어다니는 광고판으로 만들었습니다. 홀푸드의 종이 가방 전면에 써놓은 카피는, 지금 이 장바구니 안에 무엇이 들었는지보다, 무엇이 '안 들었는지'가 더 중요하다고 말합니다. 거기다 카피 주변에는 홀푸드에서는 취급하지 않는 화학 인공 첨가물들까지 빼곡히 나열해놓았죠. 소비자에게 마음의 안심을 선물하는 종이 가방. 장바구니가 아무리 무거워도 마음만은 가벼워질 것 같습니다.

No.149

우산 아래라면 걱정 없어요

IT'S BETTER UNDER THE UMBRELLA

Traveler's Insurance (2011~)

★★★★★

아무리 폭우가 내려도 우산만 있으면 걱정이 없죠. 그래서 '우산 밑에 있는'이란 뜻인 under the umbrella는 '보호를 받는'이란 의미로 쓰입니다. 이렇게 '우산'이 가진 의미를 오랫동안 브랜드의 상징으로 삼아온 보험사가 있습니다. 빨간 우산이 로고인 트래블러즈입니다. 광고는 화재나 태풍과 같은 심각한 재난 상황부터 결혼 반지를 하수구에 빠트리는 사소한 사고까지, 살면서 우리가 겪는 어려움들을 담아냅니다. 그리고 트래블러즈가 그런 끔찍한 일들(terrible things)을 특별한 경험(remarkable things)으로 바꿔줄 것이라고 말하죠.

No.150

위험한 세상, 집만큼은 안전해야죠

IN A WORLD FULL OF FEAR, YOUR HOME SHOULD BE ANYTHING BUT

SimpliSafe (2019)

★★★★★

그저 평범한 하루를 살고 싶은 남자. 그런데 세상은 그를 가만히 두질 않습니다. 누군가는 택배를 도난당했다고 하고, 주민들은 동네에 수상한 사람이 돌아다닌다고 하죠. 미국의 홈시큐리티 브랜드 심플리세이프의 광고는 불안이 일상이 되어버린 오늘날을 비추며, 그럴수록 집만큼은 안전한 공간이어야 한다고 말합니다. anything but은 '~이 결코 아닌' 혹은 '정반대인'이란 뜻입니다. 끊기듯 anything but으로 끝나는 카피는 실수가 아닙니다. 앞에 있는 '두려움 가득한(full of fear)' 세상과는 정반대로 집이란 '두려움이 없어야 하는 곳'이라는 의미를 나타냅니다.

No.151

화장실 청소를 '메이드' 해드립니다

MAID FOR YOUR SHOWER

Scrubbing Bubbles (2006)

★★★★★

미국의 화장실 바닥에는 배수구가 없습니다. 이런 건식 화장실을 청소할 때 쓰는 제품인 스크러빙 버블즈는 욕조나 샤워실, 타일 바닥 청소에 특화된 제품으로, 스프레이에서 나오는 거품(bubbles)을 솔 등으로 문질러서(scrubbing) 청소하게 합니다. 카피 속 '가사 도우미'를 뜻하는 maid는 made와 발음이 동일합니다. 그래서 문장을 그대로 읽으면 '욕실 청소를 완벽히 도와주는 가사 도우미(maid)'가 되지만, 소리를 따라 made로 읽으면 '욕실 청소를 위해 만들어진(made) 제품'이라는 뜻도 됩니다. 같은 문장이 새로운 의미를 얻게 되죠.

No.152

맛있게, 낭비 없이

MAKE TASTE.
NOT WASTE.

Hellman's (2021)

★★★★★

미국의 마요네즈 브랜드 헬만스는 마요네즈 한 스푼이 남은 음식을 맛있게 바꿔주는 비법이라는 메시지를 전합니다. 냉장고에 쌓인 음식 앞에서 고민하는 남자에게 마요네즈 요정(Fairy Godmayo★)이 되어 나타나는 개그우먼 에이미 슈머(Amy Schumer). 마요네즈를 사용해 남은 음식으로 근사한 요리를 한 상 차려냅니다. make taste는 '맛있는 음식을 만들다'라는 의미입니다. 카피는 taste와 라임을 이루는 waste(음식물 쓰레기)를 사용하여 '음식물 쓰레기를 남기지 말자'는 사회적 메시지까지 전합니다.

★ '요정 대모(위기의 순간에 마법같이 나타나는 후원자)'를 뜻하는 Fairy Godmother 뒷부분의 -mother를 -mayo로 변경한 표현입니다.

No.153

잠시 우리에게 기댔다 가요

WE GOT YOUR BACK

Wawa (2025)

★★★★★

고속도로를 달리다 휴게소 표지판이 보이면 그냥 지나치기 어렵죠? 이는 미국도 마찬가지입니다. 특히 장거리 운전자들에게, 주유소와 편의점을 결합한 컨비니언스(convenience)는 잠시 쉬어가며 식사도 하고 필요한 물건도 사는 쉼터입니다. 펜실베이니아에서 시작된 주유소 편의점 와와(Wawa)는 삶이 무겁게 느껴질 때(Life feels heavy) 힘이 되어주겠다(We got your back)고 말합니다. got one's back은 등을 받쳐준다는 말에서 나아가, '너의 뒤에서 힘이 되어줄게'라는 응원의 표현이기도 합니다.

No.154

초록빛 물 한 방울

EVERY DROP IS GREEN

Fiji Water Company (2008)

★★★★★

맑고 투명한 물 한 방울(drop)이 똑, 하고 수면 위에 떨어집니다. 그런데 광고는 그 물 한 방울이 '초록색(green)'이라고 말하죠. 여기서 green은 '녹색'을 표현하는 것이 아니라 '친환경'을 상징합니다. 광고는 피지워터가 피지섬의 자연을 보호하기 위해 하는 노력을 보여줍니다. 청정 자연의 피지섬에서 자연 친화적인 여과 과정으로 생산되는 생수 브랜드 피지워터. 이처럼 자연으로부터 물을 얻으니, 환경이 훼손되면 생수 생산 역시 영향을 받겠죠. 자연이 있어야 인간도, 브랜드도 지속될 수 있다는 깨달음을 전합니다.

No.155

다 떨어졌다고? 얼른 달려와

RUN OUT?
RUN IN

Target (2018)

★★★★★

한국에서는 집 근처 상가나 편의점에서 웬만한 물건들은 다 살 수 있죠. 하지만 미국은 다릅니다. 대도시를 제외하면 간단한 생필품을 사려 해도 마트로 나가야 하죠. 월마트와 함께 미국 대형 슈퍼마켓 체인의 양대 산맥을 이루는 타깃. 이름처럼 로고 역시 '빨간색 과녁'으로 잘 알려져 있습니다. run out은 물건이 '똑 떨어지다', '소진되다'라는 뜻입니다. 이어 등장하는 run in은 '안으로 달려오다'라는 뜻으로, 즉 '그럴 땐 타깃으로 달려오라'는 메시지입니다. run을 반복해 언제나 '달려' 올 수 있다는 점을 리듬 있게 전달합니다.

No.156

우리와 함께라면, 걱정 안 해도 돼요

YOU'RE IN GOOD HANDS

Allstate (2025)

★★★★★

미국의 대형 보험사 올스테이트는 가상의 캐릭터 '재앙이(mayhem)'를 전면에 내세운 광고 시리즈를 선보입니다. 재앙이는 전혀 예상하지 못한 상황에서 엉뚱한 사고를 일으켜 사람들을 골탕 먹이는 걸 좋아하죠. 당황하는 사람들을 흐뭇하게 바라보며 재앙이는 말합니다. "그러니까 당신(시청자)도 저 친구처럼 되고 싶지 않으면, 보험은 미리미리 올스테이트로 들어놔."라고요. be in good hands는 '좋은 손 안에 있다'란 직역에서 느껴지듯, '든든하게 보호를 받다'라는 뜻입니다. 무엇보다 이 표현은, 서로를 감싸듯 양손을 포개놓은 올스테이트의 로고와도 완벽히 어우러집니다.

No.157

신호 올 때 편안하게

GO WHENEVER NATURE CALLS

Huggies (2021)

★★★★★

화장실이 급할 때 흔히 '신호가 왔다'고 하죠. 영어에도 비슷한 표현이 있습니다. nature calls라고 하는데, '용변이 마렵다'라는 뜻입니다. 기저귀 브랜드 하기스는 아기들에게 신호가 올 때는 망설이지 말고 하라(go)고 합니다. 새지 않는 하기스가 있기 때문이죠. 아기들에게 바치는 러브레터 같은 이 광고는 아기들이, 아기이기 때문에, 아기라서 할 수밖에 없는 사랑스럽고 엉뚱한 행동들을 보여줍니다. 뭐든 입에 넣고, 어디서나 용변을 보는 순간까지도 담아내며 말하죠. "Being a baby is pretty great.(아기가 되는 건 멋진 일이야)"

No.158

흔적 없이 사라지게 두지 마세요

DON'T LET IT VANISH WITHOUT A TRACE

World Wildlife Fund (2000)

★★★★★

WWF(World Wildlife Fund)는 멸종 위기에 처한 동물 보호와 자연 보존을 위해 지속적으로 활동하는 세계적인 환경단체입니다. 이 광고는 남극을 배경으로 고개를 떨구고 있는 펭귄 한 쌍을 보여주며 지구상에서 사라져가는 동물들을 지켜내자고 호소합니다. Don't let ~은 '~하게 두지 마세요'라는 의미인데, '방관하지 말라'는 뉘앙스가 있어 특히 호소력이 큽니다. without a trace는 '흔적도 없이'라는 뜻이죠. '이곳이 흔적도 없이 사라지게 그냥 두지 마세요'라는 카피는 환경 파괴를 방관하지 말아 달라는 간절한 메시지를 전합니다.

No.159

언제나 당신 곁에 있어요

WE'LL STAND BY YOU

Budweiser (2018)

★★★★★

버드와이저 맥주 공장이 잠시 멈춰섭니다. 잠시 후 캔에 맥주 대신 깨끗한 식수가 채워지기 시작하죠. 자연재해로 피해를 입은 지역에 식수를 보내기 위함입니다. 2017년은 캘리포니아 산사태, 허리케인 하비 등으로 미국 전역이 큰 피해를 입은 한 해였습니다. 그해, 미국의 맥주 브랜드 버드와이저는 맥주보다 필요한 것을 선택합니다. 바로 깨끗한 물이죠. 광고는 유명한 팝송 〈Stand by Me〉를 배경으로, 도움이 필요한 미국인들의 곁을 지키겠다는 메시지를 전합니다. stand by는 단순히 누구 '옆에 서 있다'란 뜻이 아니라, '~의 곁을 지키다'라는 뜻입니다.

No.160

브라운은 무엇을 해드릴 수 있을까요?

WHAT CAN BROWN DO FOR YOU

United Parcel Service (2002)

★★★★★

미국의 대표 물류기업 UPS를 한 단어로 표현하라면 brown(갈색)이 떠오릅니다. 배송 트럭도, 직원의 유니폼도 모두 갈색이기 때문이죠. 원래는 노란색을 브랜드 색상으로 하려 했지만 트럭 세차가 용이하도록 갈색을 선택했다고도 하는데, 결과적으로는 이 '갈색'이 UPS의 차분함과 신뢰를 상징하게 되었죠. UPS를 Brown이라 부르는 카피는 다시 한번 갈색을 전면에 내세웁니다. '무엇이 필요하신가요?'라는 질문을 'Brown'이 소비자에게 건네고 있죠. UPS를 인간적으로 느껴지게 하면서도 갈색 컬러가 만들어내는 브랜딩의 힘을 강화해줍니다.

No.161

아기도 설명서가 딸려온다면 얼마나 좋을까요

IF ONLY THEY CAME WITH INSTRUCTIONS

American Red Cross (1990)

★★★★★

아기가 웃으며 앉아 있습니다. 그런데 손목에 이런 지시사항이 적힌 설명서를 차고 있네요. '안아줄 것, 먹여줄 것, 따뜻하게 해줄 것, 그리고 American Red Cross의 아기용 CPR을 배울 것'. If only는 '만일 ~하면 얼마나 좋을까?'라는 뜻입니다. 이 표현을 빌려, 한국에서는 적십자로 알려져 있는 아메리칸 레드 크로스는 말하죠. 아기를 키우는 데 100% 참고할 수 있는 만능 설명서(instructions)는 없지만, 기본적인 수칙만큼은 부모가 스스로 익혀야 한다고요. 가끔은 작은 대비만으로도 생명을 살릴 수 있다는 진지한 메시지를 귀여운 사진과 함께 전합니다.

No.162

그때도, 지금도 최애 드레스

IT WAS HER FAVORITE PARTY DRESS. IT STILL IS.

Tide (1990)

★★★★★

광고 이미지 속 왼쪽에는 얼룩이 묻은 드레스를 입고 시무룩한 아이가, 오른쪽에는 같은 드레스인데 얼룩이 사라져 웃고 있는 아이가 있습니다. before and after를 활용한 비교 광고는 오랫동안 사랑받아온 효과적인 기법이죠. 세제 브랜드 타이드의 이 광고 역시 전과 후의 차이점을 한눈에 보여줍니다. 얼룩이 묻은 드레스에 적힌 It was her favorite party dress.는 '아이가 제일 좋아하는 드레스였어요'라는 뜻입니다. 깨끗해진 드레스에 적힌 It still is.는 '여전히 제일 좋아하는 드레스예요'라는 말입니다. 과거형 was와 현재형 is를 대비시켜 전후 비교를 직관적으로 전달합니다.

Part 09

Happiness

설레고 즐거워

일상 속, 행복의 에너지를 담은 카피들이
기분 좋은 설렘을 전합니다.

Part 09

No.163~No.184

QR코드를 찍으면 카피가 소개된 영상이나
이미지를 볼 수 있습니다. 함께 보아야 미국 광고의
임팩트를 느낄 수 있으니 꼭 확인하세요.

No.163

신데렐라 스토리가 현실이 되는 곳

WHERE EVERY CINDERELLA STORY COMES TRUE

Disney Parks (2007)

★★★★★

'놀이공원'을 영어로는 amusement park라고 부릅니다. 말 그대로 '놀라움을 위한 장소'라는 뜻이죠. 그런데 이 표현마저도 평범하게 느껴지는 곳이 있습니다. '꿈과 환상의 나라'라고 불리는 디즈니랜드(Disneyland)입니다. 디즈니랜드를 운영하는 디즈니 파크스는, 다름 아닌 '디즈니 콘텐츠'를 카피에 사용합니다. 평범한 사람이 하루아침에 큰 성공을 거두는 것을 Cinderella story라고 하는데, 이 표현이 널리 쓰이게 된 건 디즈니 애니메이션 〈신데렐라〉 덕분이죠. 자신이 유행시킨 표현을 다시 가져와 활용하는 카피. 역시 스토리텔링에 강한 디즈니답습니다.

No.164

우유와 찰떡궁합

MILK'S FAVORITE VALENTINE

Oreo (2010)

★★★★★

까만 초코 쿠키 사이에 달콤한 크림을 넣은 과자 오레오. 오레오는 오랫동안 "Milk's favorite cookie(우유가 제일 좋아하는 쿠키)"라는 슬로건으로 '우유 하면 오레오'를 떠올리게 해왔습니다. 밸런타인데이에 맞춰 우유와 오레오의 찰떡궁합을 풀어낸 광고. 로맨틱한 촛불을 배경으로 따뜻한 욕조를 연상시키는 우유 컵 속에 오레오가 몸을 담그고 있습니다. 카피 속 Valentine은 '내 사랑'이라는 뜻으로, 밸런타인데이에 미국인들이 고백할 때 "Be my Valentine(내 사랑이 되어줘)"이라고 합니다. cookie 자리에 Valentine을 넣으니 우유와 오레오의 찰떡궁합뿐 아니라 밸런타인데이의 설렘까지 느껴집니다.

No.165

휴식엔 킷캣

HAVE A BREAK, HAVE A KIT KAT

Kit Kat (1957)

★★★★★

have a break 혹은 take a break는 '잠시 쉬다'라는 뜻입니다. 가운데 홈이 파여 있는 부분을 '톡' 하고 부러트려(break) 먹는 초콜릿 킷캣은, 이 break의 두 가지 의미를 자연스럽게 연결합니다. 많은 사람들이 쉬는 시간에 초콜릿을 찾는 점에 착안해, 쉬는 시간(break)이 되면 킷캣을 부러트려(break) 먹자고 제안하죠. '가지다'와 '먹다'라는 이중적인 뜻을 지닌 have를 반복적으로 사용하며 break의 뜻을 연결하는 카피. 이 심플한 카피는 1957년 소개된 후 지금까지도 킷캣을 쉬는 시간에 떠오르는 초콜릿으로 만들어주는 데 큰 역할을 했습니다.

No.166

사람들을 놀라게 해

WOW THE CROWD

Walmart (2017)

★★★★★

미국의 오디션 프로그램에서 심사위원들이 참가자들에게 하는 말이 있습니다. "Wow me." 한마디로 '작정하고 나를 놀라게 해보라'는 뜻인데, 여기서 wow는 놀라움을 표현하죠. 가격 경쟁력으로 승부하는 대형 슈퍼마켓 월마트는 이 표현을 활용해서 '사람들(crowd)'을 놀라게 해보라고 제안합니다. 광고는 플로 라이다(Flo Rida)의 〈My House〉라는 노래를 배경으로, 가족, 친구, 동네 사람들과 마당에서 근사한 바비큐 파티를 여는 모습을 보여줍니다. 초특가 상품이 많은 월마트에서 사람들이 깜짝 놀랄 만한 파티를 준비해보라는 메시지를 경쾌하게 전합니다.

No.167

까칠이도 녹게 되는 맛

LOVED BY EVERYONE. EVEN THE SALTIEST.

Ritz Crackers (2025)

★★★★★

salty는 '짭짤한'이란 뜻이지만, 누군가 salty하다고 하면 '(성격이) 까칠한'이란 뜻이죠. 짭짤한(salty) 맛으로 유명한 리츠 크래커의 광고는 까칠한(salty) 사람들의 가상의 모임, Ritz Salty Club을 소개합니다. 그런데 까탈스러운 사람들의 입맛마저 사로잡는 리츠 크래커. 리츠를 한 입 베어문 사람들은 "Why is Ritz so good? So annoying!(리츠 왜 이렇게 맛있어? 짜증나 죽겠어!)"라며 심통을 부립니다. 카피의 even은 '심지어', '~조차도'라는 뜻으로, '최고로 까칠한 사람들(the saltiest)'마저도 리츠를 좋아할 수밖에 없다는 메시지를 전합니다.

No.168

한번 열면 멈출 수 없어

GET STUCK IN

Pringles (2022)

★★★★★

길쭉한 캔(can) 속 겹겹이 감자칩이 쌓인 프링글스. 마지막 한 조각까지 꺼내려다 보면 캔 속에 손이 끼기도 하는데, 영어로는 "My hand got stuck in the can.(캔에 손이 끼었어)"이라고 표현합니다. 영상 광고 속에는 프링글스 캔에 손이 '끼인 채' 평생을 살아가는 한 남자가 있습니다. 결혼식, 아이의 탄생, 생일 파티에도 남자는 프링글스에 손이 끼인 채 함께하죠. stuck에는 '~에 끼인'이라는 뜻도 있지만, '~의 매력에 빠진'이란 뜻도 있습니다. 카피는 이처럼 '프링글스에 한번 끼이면(stuck in)' 아주 '푹 빠질 거야(stuck on)'라는 메시지를 전합니다. "Stuck on you(네게 푹 빠졌어)"라는 노래 가사가 배경에 흐르며 말이죠.

No.169

쓱 밀면 인연이 시작되지

IT STARTS WITH A SWIPE

Tinder (2024)

★★★★★

미국을 강타한 스마트폰 데이팅 앱 틴더. 틴더는 마음에 들면 오른쪽, 아니면 왼쪽으로 화면을 넘겨 상대를 고르도록 하며 빠르게 여러 사람을 '스크리닝'할 수 있게 했습니다. 이처럼 스마트폰 화면을 옆으로 쓱 미는 동작을 swipe라고 하는데, 요즘 '거절하다'라는 말을 swipe left라고 할 정도로 미국에서 틴더의 인기는 상당합니다. It starts with ~는 '~에서 시작된다'라는 뜻입니다. 이 카피는 손가락으로 '쓱 미는 동작' 한 번으로 새로운 인연을 시작할 수 있다는 이야기이면서, 틴더 덕에 쉽고 자유로운 데이팅의 시대가 열렸다는 메시지이기도 합니다.

No.170

오늘은 그냥 먹자, 맛있게

GIVE YOURSELF A PASS

Doordash (2025)

★★★★★

“이건 환불받은 10만원으로 샀으니 공짜나 다름없어!” 쇼핑을 정당화하며 묘한 만족감까지 주는 기적의 계산법입니다. 미국의 음식 배달 서비스 도어대쉬는 이런 비논리적인 계산법을 패러디합니다. 코미디언 네이트 바르갓지(Nate Bargatze)는, 도어패스(DoorPass) 서비스로 음식 배달 비용을 아꼈으니 인간 클론을 만들든, 전용 오페라 가수를 고용하든 ‘다 남는 장사’라고 말하죠. ‘give + 사람 + a pass’는 ‘패스(one-time permission)를 주다’, 즉 '한 번쯤은 너그럽게 봐주다’라는 의미입니다. 도어대쉬는 이 표현을 도어패스와 연결해, 도어‘패스(pass)’를 구독하라고 권유함과 동시에 오늘만큼은 맛있는 음식을 시키는 작은 사치를 스스로에게 허락하라는 메시지를 전하죠.

No.171

미소만은 아끼지 마세요

SMILES ARE SOMETHING YOU NEVER NEED TO BUDGET

Oscar Mayer (2009)

★★★★★

미국 가정에서도 장바구니 물가는 늘 이슈입니다. 햄이나 소시지 같은 가공육을 만드는 회사 오스카 메이어는 2009년 금융위기 속에서 식료품 비용을 고민하는 부모들에게 위로와 희망의 메시지를 보냅니다. 샌드위치를 한 입 물고 환하게 미소 짓는 아이를 보여주며 '한 푼을 아껴야 하는 상황이지만 미소는 아끼지 마세요'라고 말하죠. 샌드위치가 미국 학생들의 주된 점심 도시락인 점을 고려하면 부모들에게 더욱 와닿을 카피입니다. budget은 명사로는 '예산'이란 뜻이지만, 이 카피처럼 동사로 쓰면 '예산을 고려하다', 즉 '아껴 쓰다'라는 의미가 됩니다.

No.172

아이가 아이다울 수 있는 곳

WHERE A KID CAN BE A KID

Chuck E. Cheese (1996)

★★★★★

처키 치즈는 아이들이 신나게 뛰어놀 수 있는 놀이터를 갖춘 패밀리 레스토랑입니다. 각종 오락기계, 볼풀 같은 시설을 갖춰 '아이들이 놀기 좋은 식사 공간'이라는 컨셉으로 운영되죠. 매년 50만 건 이상의 어린이 생일 파티가 이곳에서 열릴 정도로 인기라고 합니다. 카피는 처키 치즈가 아이들이 마음껏 뛰고 떠들고 웃을 수 있는, 말 그대로 아이가 아이다울 수 있는 공간이라고 말합니다. Where A can be A는 'A가 A다울 수 있는 곳'이란 뜻인데, 있는 그대로의 자신을 드러내고 편히 있을 수 있는 장소라는 의미를 담고 있습니다.

No.173

여기 물이 좋아서 그래요

IT MUST BE THE WATER

San Pellegrino (2001)

★★★★★

1899년 이탈리아에서 시작된 탄산수 브랜드 산 펠레그리노의 광고입니다. 멋진 레스토랑에서 한 커플이 로맨틱하게 춤을 추고 있고, 테이블 위에는 맛있는 음식과 함께 산 펠레그리노 한 병이 놓여 있죠. 카피는 이 커플이 식사를 하다가 갑자기 눈이 맞아 춤을 추는 이유를 이렇게 말합니다. "물 때문인게 분명해!" It must be ~는 '~임이 분명하다'라는 뜻으로, 확신에 찬 생각을 나타냅니다. the water는 '바로 그 물', 즉 '산 펠레그리노'를 뜻하죠. 이로써 좋은 분위기의 중심에는 산 펠레그리노가 있다는 메시지를 전합니다.

No.174

처음 반지를 건넸을 때 내 손이 떨렸던 것처럼,
이제 그녀의 손이 떨릴 차례입니다

THE FIRST TIME I GAVE HER A DIAMOND RING, MY HANDS TREMBLED. THIS TIME, HERS WILL.

De Beers (1994)

★★★★★

“A Diamond is Forever.(다이아몬드는 영원하다)”란 한 문장으로 다이아몬드 반지를 결혼을 약속하는 영원(forever)의 상징으로 만든 브랜드가 있습니다. 19세기 말에 시작된 드비어즈죠. 카피 속 the first time은 처음으로 반지를 끼우며 청혼하던 순간을 의미합니다. 이후 this time은 오랜 시간이 흐른 뒤, 다시 그녀에게 반지를 끼워주는 순간을 뜻하죠. 카피는 다이아몬드 반지가 일생 한 번뿐이 아닌, 여러 번 사랑을 확인하도록 도와주는 증표임을 말합니다. hers will은 her hands will tremble을 줄인 말로, 반지를 받고 그녀의 손이 떨리는 것을 의미합니다.

No.175

메이시스 백화점의 마법

THE MAGIC OF MACY'S

Macy's (2008)

★★★★★

광고 영상에서 메이시스 백화점의 점장이 캘빈 클라인의 모델 가브리엘 오브리(Gabriel Aubry)를 데리고 매장 안을 걸어다닙니다. 메이시스 매장 직원으로 분장한 가수 머라이어 캐리, 유명인 마사 스튜어트 등은 지나가는 멋진 그에게서 눈을 떼지 못하죠. 심지어 도널드 트럼프 대통령까지 등장합니다. "Bringing your stars together, that's the magic of Macy's.(여러분의 스타를 데려오는 것, 그것이 바로 메이시스의 마법입니다.)"라는 카피로 마무리되는 광고. 여러 스타들이 등장하며, 메이시스 백화점을 '별들이 모이는 마법 같은 곳'으로 기억하게 합니다.

No.176

지구라는 놀이터를 위하여

FOR PLAYGROUND EARTH

Teva (2025)

★★★★★

어른이 된 뒤로는 놀이터에 갈 일이 많지 않죠. 그렇다면 이렇게 생각해보면 어떨까요. 우리가 살고 있는 지구 전체가 하나의 거대한 놀이터라고 말입니다. 스포츠 샌들로 유명해진 브랜드 테바는 자연 속에서 신나게 놀아보자고 제안합니다. 자연 속 길, 강, 산, 숲, 해변을 모험의 무대로 삼아, 시간 가는 줄 모르고 뛰어놀던 어렸을 때처럼 말이죠. for는 '~을 위하여'라는 뜻입니다. '지구라는 놀이터를 즐기기 위한 신발'이라는 의미이면서, 환경 보호에 앞장서는 브랜드 철학을 고려하면 '지구라는 놀이터를 지키기 위한 브랜드'라고도 읽힙니다.

No.177

너 벤모가 '모'야?

WHAT'S YOUR VENMO?

Venmo (2024)

★★★★★

벤모는 편리하게 스마트폰으로 돈을 주고받는 미국의 대표적인 송금 앱(App)입니다. 마치 카카오페이처럼요. 친구들과 더치페이를 할 때나 중고 거래로 돈을 주고받을 때 손쉽게 쓰이죠. "What's your venmo?"는 송금을 위해 상대방의 벤모 계정을 물어보는 말입니다. 카피는 소비자들이 "어디로 돈 보낼까?" 대신 "너 벤모가 뭐야?"라고 묻도록 자연스럽게 유도합니다. 마치 미국인들이 '검색해봤어?'를 Did you search it? 대신 Did you Google it?(너 구글해봤어?)이라고 말하는 것처럼, 벤모 역시 '송금'을 대표하는 이름으로 자리잡게 하려는 전략으로 보여집니다.

No.178

난 윗몸 일으키기가 진짜 진짜 진짜 진짜 진짜 싫어

I HATE SIT-UPS.
I HATE SIT-UPS.
I HATE SIT-UPS.
I HATE SIT-UPS.
I HATE SIT-UPS.

Rollerblade (1992)

★★★★★

카피는 집에서 하는 운동에 진절머리가 난 사람이 투덜거리는 말입니다. 윗몸 일으키기가 얼마나 지겨우면 무려 다섯 번이나 '싫다'고 외칠까요? 알고 보니 야외에서 즐기며 운동할 수 있는 롤러블레이드의 광고입니다. 광고는 확 트인 바다를 배경으로 시원하게 롤러블레이드를 타는 여성을 보여줍니다. 옆에는 "Tired of the same exercises over and over and over and over again? Set yourself free."라는 문장이 보이죠. '똑같은 운동을 반복하는 거 지겹지 않아요? 이제 자유로워지세요.'라는 뜻으로, hate를 반복한 것처럼 over를 여러 번 나열하며 '지겹다'는 느낌을 강조합니다.

No.179

배고픔은 기어이 먹고 말지

HUNGER GETS WHAT HUNGER WANTS

Ball Park (2007)

★★★★★

광고 이미지에서는 청년의 배에서 야수의 팔이 쑥 튀어나와 핫도그를 집어듭니다. 반쯤 체념한 표정으로 카메라를 바라보는 청년. 소시지 브랜드 볼 파크는 '배고픔(hunger)'을 야수에 빗대며, 배고픔 앞에서 속수무책인 우리가 할 수 있는 건 얼른 허기를 달래주는 것뿐이라는 메시지를 전합니다. A gets what A wants.는 'A는 원하는 것이 있으면 반드시 얻는다'라는 뜻으로, 욕망이나 성취, 목표 등을 꼭 쟁취해내겠다는 강한 의지를 표현할 때 쓰입니다. 카피는 '배고픔은 자기가 원하는 것을 꼭 쟁취한다'라는 말로, 얼른 소시지로 허기를 채우라고 권하고 있죠.

No.180

반스 앤 노블에서 누굴 만날지 모르잖아요

YOU NEVER KNOW WHO YOU'LL MEET AT BARNES & NOBLE

Barnes and Noble (2015)

★★★★★

미국 최대 서점 반스 앤 노블의 광고는 '만남의 순간'에 집중합니다. 크리스마스 장식이 가득한 서점에서 팝스타 레이디 가가와 토니 베넷이 〈Baby, It's Cold Outside(자기, 밖은 추워요)〉를 듀엣으로 부르죠. 밖은 추우니, 따스함이 느껴지는 서점으로 들어오라는 초대입니다. You never know who you'll meet.은 '누굴 만나게 될지 몰라요'라는 뜻인데, You never know ~라는 표현은 사람뿐 아니라, '(무엇이 기다릴지) 결코 알지 못한다'라는 더 넓은 의미로도 쓰입니다. 영상 속 카피는 연말이면 누구나 한 번쯤 기대하게 되는 뜻밖의 만남을 떠올리게 합니다.

No.181

모든 순간을 추억으로 만들어요

TURN EVERY MOMENT INTO A MEMORY

CVS (2025)

★★★★★

CVS는 처방약이나 일반 의약품부터 간단한 식료품 및 생활 잡화를 구입할 수 있는 곳입니다. 그런데 예상 외로 CVS에서 꾸준히 사랑받는 것이 있는데, 바로 사진 인화 서비스입니다. 필름 카메라 시절부터 지금까지 많은 이들이 가까운 CVS에서 간편하게 종이 사진을 인화하죠. turn A into B는 'A를 B로 변형시키다/만들다'라는 뜻입니다. m으로 시작하는 비슷한 두 단어를 사용하여 '모든 순간(moment)을 추억(memory)으로 만드세요'라고 말하는 카피. 가까운 CVS에서 사진 인화로 손쉽게 추억을 만들 수 있다는 메시지를 전합니다.

No.182

미소를 듬뿍 발라요

SPREAD ON THE SMILES

Skippy (2024)

★★★★★

미국 어린이들이 즐겨 먹는 샌드위치에는 햄 대신 잼이 들어갑니다. 흔히 PB&J(peanut butter and jelly)라고 부르는 이 샌드위치 한쪽엔 땅콩버터, 한쪽엔 잼이 발라져 있죠. 퍽퍽한 땅콩버터와 달콤한 잼이 부드럽게 섞이는 맛이 별미입니다. 카피 속 spread는 '바르다'란 뜻이 있어 땅콩버터를 발라먹는 걸 표현합니다. 동시에 '퍼트리다', '나누다'란 의미도 가지고 있죠. 카피는 두 가지 의미를 활용해서 땅콩잼을 발라먹으면(spread), 주변에 미소를 퍼트린다(spread)고 이야기합니다. 실제로 스키피 기부 캠페인에서도 쓰인 표현이죠.

No.183

사랑을 사랑하는 마음으로

FOR THE LOVE OF LOVE

Bumble (2025)

★★★★★

for the love of ~는 '~를 위해서'라는 뜻인데, 이 표현의 중심에는 사랑(love)이라는 감정이 있습니다. 결국 무언가를 위한다는 건(for the love of) 그것을 사랑(love)하는 마음에서 비롯되었을 테니 말이죠. 미국의 데이팅 앱 범블은 이 표현에 로맨틱한 단어 love를 이중으로 사용하며 '사랑을 위한 사랑으로'라는 멋진 카피를 만들어냅니다. 나아가 '진실한 사랑을 꿈꾸는 마음으로'로 해석될 수 있죠. 여성이 먼저 상대에게 메시지를 보내는 독특한 룰을 도입하며 안전한 만남을 최우선해온 범블. 가벼운 만남보다는 진지한 관계를 원하는 사람들을 겨냥해온 브랜드의 방향성과도 잘 맞물리는 카피입니다.

No.184

요즘 너, 여름 감성 노래에 빠졌지?

I KNOW YOU'VE BEEN ON A SUMMER SONG KICK LATELY

Spotify (2023)

★★★★★

be on ~ kick은 '~에 꽂혔다'는 뜻입니다. I'm on a Taylor kick today.(나 오늘 테일러 스위프트 노래에 꽂혔어)처럼 특정한 것에 푹 빠져 있을 때 회화에서 쓰는 표현이죠. 음악 스트리밍 서비스 스포티파이는 이 표현을 사용하여 스포티파이가 사용자의 청취 습관을 분석해 그 순간 듣고 싶은 음악을 추천할 수 있다는 점을 전합니다. on a summer song kick은 '요즘 여름 분위기 나는 노래에 꽂혔다'는 뜻이겠죠. 마치 친구가 "너 이런 노래 좋아하더라?"라고 말하는 듯한 카피로 스포티파이를 '나의 음악 취향을 정말 잘 아는 친구'처럼 느껴지게 합니다.

Part 10

Humor

유머는 삶의 활력

지쳐있던 하루도 웃게 만드는 재치 한 스푼.
센스 있는 유머의 카피를 느껴보세요.

Part 10

No.185~No.200

QR코드를 찍으면 카피가 소개된 영상이나
이미지를 볼 수 있습니다. 함께 보아야 미국 광고의
임팩트를 느낄 수 있으니 꼭 확인하세요.

No.185

넷플릭스, 완전 코미디네

NETFLIX IS A JOKE

Netflix (2017)

★★★★★

옥외 광고판 위, 커다랗게 "넷플릭스, 정말 별로야(Netflix is a joke)"라고 적혀 있습니다. a joke는 '웃긴 농담'이란 뜻도 있지만, 역설적으로 '말도 안 되는 엉망인 상황' 혹은 '정말 별로'라는 뜻도 있습니다. 한국어로 말도 안 되는 상황을 두고 '완전 코미디네'라고 하는 것과 비슷합니다. 알고 보니 이 카피는 넷플릭스에 다양한 코미디 콘텐츠가 있다는 것을 알리는 '코믹'한 홍보 수단이었죠. '형편없다'는 말로 사람들의 시선을 끈 뒤, 넷플릭스는 말 그대로 '웃음 그 자체(Netflix is a joke)'라는 반전을 전합니다.

No.186

너 아니면 내 마음은 텅 비어

WITHOUT YOU, I'M EMPTY INSIDE

Amazon box (2025)

★★★★★

아마존의 택배 상자에는 종종 재미있는 메시지가 적혀 있습니다. 이번에는 다름 아닌 '너 아니었으면 내 마음은 텅 비었다(Without you, I'm empty inside)'라는 카피가 새겨져 있죠. I'm empty inside를 직역하면 '내 안이 텅 비어 있다'지만, 미국에서는 연인들이 '너 없이는 마음이 텅 빈 것 같아'라는 뜻으로도 씁니다. 그런데 이 문장이 택배 상자에 적혀 있으니, '네가 주문한 물건 덕분에 내 마음까지 채워졌다'는 고마움의 표현이 되지요. 단순한 카피가 무심코 버려지는 택배 상자를 소비자와 브랜드를 이어주는 매개체로 만들어줍니다.

No.187

출출할 때 넌, 네가 아니야

YOU'RE NOT YOU WHEN YOU'RE HUNGRY

Snickers (2010)

★★★★★

공원에서 풋볼 게임이 한창인데, 젊은 남자들 사이로 백발의 여배우 베티 화이트*가 뛰고 있습니다. 패스를 받지도 못하고 쓰러지는 그녀에게 팀원이 소리치죠. "What's your deal, man? You're playing like Betty White out there!(너 왜 이래? 완전 베티 화이트 할머니 같잖아!)" 발끈한 베티, 스니커즈를 한 입 베어물더니 다시 젊은 청년으로 돌아옵니다. 배고프면 실력 발휘를 못하고 마치 '할머니'처럼 되어버린다는 메시지의 광고. 그해 미국 최고의 광고로 선정되기도 했죠. You're not you. 혹은 You're not yourself.는 '너답지 않아'란 뜻입니다.

★ 베티 화이트(1922-2021)는 미국에서 오랫동안 사랑받은 여배우입니다. 이 광고에서는 미국인들이 떠올리는 '전형적인 나이 든 할머니'를 상징합니다.

No.188

시트형 세제로 제대로 좀 해봐

GET YOUR SHEET★ TOGETHER

Arm & Hammer (2025)

★★★★★

Get your shit★★ together!는 '정신 좀 차려!' 혹은 '제대로 좀 해봐!'라는 뜻의 속어 표현입니다. 미국의 세제 브랜드 암앤해머는 이 표현의 shit을 발음이 비슷한 sheet로 바꿔, 한 장씩 뽑아쓰는 '시트형(sheet)' 세제를 홍보합니다. 허물없는 친구가 말하듯이 시트형 세제로 바꿔보라고 권하죠. 광고에는 그래미 수상 팝스타 매건 트레이너(Megan Trainor)가 자신의 이름과 발음이 비슷한 세탁 '트레이너(trainer)'로 등장합니다. shit을 sheet로 바꾸고, Trainor에게 trainer의 역할을 주는 광고. 두 번의 말장난을 더해 세탁을 재미있게 그려냅니다.

★ sheet: 시트형 세제
★★ shit: 비속어

No.189

나를 완성하는 단 하나, 바로 케첩

THE ONLY THING THAT CAN COMPLETE ME

Heinz (2019)

★★★★★

일반적으로는 브랜드가 스타에게 광고 모델이 되어줄 것을 제안하지만, 이번 경우는 정반대입니다. 슈퍼스타 에드 시런(Ed Sheeran)이 먼저 하인즈 케첩 쪽에 광고를 만들어보자고 연락했으니까요. 그의 실제 경험을 바탕으로 제작된 광고는, 고급 레스토랑에서도 가방 속에 숨겨온 하인즈 케첩을 꺼내 음식에 뿌리는 에드 시런의 모습을 보여줍니다. 하인즈 케첩이야말로 슈퍼스타가 음식을 완벽하게 먹기 위해 선택한 '식사 필수품'인 거죠. ~ complete me는 "You complete me.(넌 나를 완성해)"와 같이 사랑을 고백할 때도 즐겨 쓰는데, 로맨틱한 노래를 많이 부르는 에드 시런과도 잘 어울리는 표현입니다.

No.190

곧 무슨 날인지 알죠? 실수하지 마세요.

DON'T DROP THE BALL

Victoria's Secret (2015)

★★★★★

미국의 2월은 '슈퍼볼과 밸런타인데이의 달'이라고 해도 과언이 아닙니다. 여성 속옷 브랜드 빅토리아 시크릿은 슈퍼볼을 시청하는 남성들에게, 이번 달엔 경기보다 중요한 미션이 있다는 점을 상기시킵니다. 바로 밸런타인데이를 빅토리아 시크릿에서 준비하는 것이죠. 스포츠에서 유래한 표현인 Don't drop the ball.은 마치 경기 중 공을 떨어뜨리면 패배하는 것처럼 '절대 실수하지 말라'는 뜻으로 쓰입니다. 미국 최대의 스포츠 이벤트인 슈퍼볼에서, 스포츠에서 유래한 관용구를 밸런타인데이에 사용하며 색다른 경고를 하는 이색적인 광고죠.

No.191

그래서, 도넛 맛 어때?

HOW DO YOU LIKE THEM DONUTS

Dunkin (2024)

★★★★★

유명 가수 제니퍼 로페즈의 녹음실에 난데없이 남편 벤 애플렉*이 등장합니다. 앨범에 참여하겠다며 코믹한 노래와 춤을 선보이죠. 친구 맷 데이먼까지 함께하지만 제니퍼 로페즈에게 한 소리를 들을 뿐입니다. 광고 속, 맷 데이먼이 말하는 "How do you like them donuts?"는 그가 영화 〈굿 윌 헌팅〉에서 남긴 명대사 "How do you like them apples?"의 패러디입니다. 실제 사과(apple)를 뜻하는게 아니라, 상대를 한 방 먹인 뒤 의기양양하게 "봤지?"라고 말할 때 쓰는 표현이죠. 이 점을 활용한 던킨은 apples 자리에 donuts를 넣어 웃음을 자아냅니다.

* 제니퍼 로페즈와 벤 애플렉은 광고 당시에 부부였지만 이듬해인 2025년 이혼했습니다.

No.192

따뜻한 우유, 마침내 라이벌을 만나다

WARM MILK HAS MET ITS MATCH

Wendy's (2004)

★★★★★

출출해서 밤에 잠이 오지 않을 때엔 따뜻한 우유(warm milk) 한 잔이 최고입니다. 그런데 이렇게 자기 전 마시는 우유에 도전장을 내미는 버거 프랜차이즈가 있습니다. 냉동하지 않은 신선한 패티를 쓰는 것으로 유명한 미국의 3대 버거 체인 웬디스입니다. 별이 가득한 밤하늘에 웬디스 버거가 UFO처럼 떠 있는 광고. 카피는 웬디스 버거가 심야에도 영업을 한다는 점을 전하며, 따뜻한 우유를 대적할 야식으로 웬디스 버거가 등장했다고 말합니다. 이때 사용한 have met one's match는 누군가가 드디어 '맞수/라이벌을 만났다'라는 뜻입니다.

No.193

가운뎃손가락을 주세요

GIVE US THE FINGER

Oura (2025)

★★★★★

'Give + 사람 + the finger'는 꽤나 도발적인 표현입니다. the finger가 욕을 뜻하는 '가운뎃손가락'을 의미하기 때문입니다. 그래서 이 카피를 처음 들으면 마치 '우리를 욕해주세요'라고 하는 것만 같습니다. 하지만 광고를 자세히 보니 사람들이 모두 손가락에 오우라의 '스마트 링'을 끼고 있네요. 즉 카피는, '스마트 링을 끼워드릴 테니 당신의 손가락을 내밀어주세요'라는 의미인 겁니다. 강렬한 문장으로 소비자의 시선을 사로잡고, 나아가 '스마트 링'이 웨어러블 디바이스로서 '손가락에 끼우는' 독특한 착용 방식을 가진 점까지도 강조해줍니다.

No.194

월요일을 가볍게 해줄게

TOMORROW WE'LL ALL HAVE A CASE OF THE MONDAYS

Coors Light (2025)

★★★★★

왜 월요일만 되면 하루가 유난히 느리게 갈까요? 광고는 느릿느릿 일하는 나무늘보들의 모습으로 '월요병'의 기분을 전합니다. case는 '~한 상황'이라는 뜻인데, a case of the Mondays는 '월요일의 특정 상황' 즉 '월요병'을 의미하죠. 저칼로리 맥주 쿠어스 라이트는 여기에 case의 또 다른 의미인 '(맥주 등의) 상자'를 활용해서 실제로 '월요병을 위한 맥주 상자(case)'까지 만들어 판매합니다. 박스 위 Coors light 대신 적힌 Mondays light(가벼운 월요일)는 저칼로리 및 저알콜 맥주 쿠어스 라이트가 월요병을 가볍게(light) 해줄 것이라는 약속이겠죠.

No.195

눈까지 즐거운 달콤함

EYE CANDY

M&M's (2000)

★★★★★

M&M's 초콜릿 광고엔 다양한 색상의 초콜릿들이 모두 '한 성격' 하는 캐릭터로 등장합니다. 한 장의 잡지 화보처럼 연출된 이번 광고에서는 초록색 초콜릿이 세련된 패션 모델로 변신했습니다. 스타일리시한 부츠를 신고 과감한 포즈를 취하는데, 아래에는 실제 패션 매거진처럼 착장 정보까지 적혀 있죠. 미국에서 candy는 사탕뿐 아니라 초콜릿 같은 '달콤한 간식 전반'을 뜻합니다. eye candy는 보기만 해도 즐거운 멋진 사람이나 사물을 의미하죠. 카피는 알록달록한 M&M's 초콜릿이 달콤한 간식이면서 동시에 눈을 즐겁게 한다는 점을 전합니다.

No.196

술 한 잔은 누구나 좋아하지만,
고주망태는 아무도 좋아하지 않죠

EVERYBODY LIKES A DRINK. NOBODY LIKES A DRUNK.

The Health Education Council (1974)

★★★★★

drink는 명사로는 '술'을 뜻합니다. "Want to grab a drink?"가 '술 한 잔 할래?'인 것처럼 말이죠. 그렇다면 drunk는 명사로 무슨 뜻일까요? '잔뜩 취한 사람'입니다. drink를 너무 많이 마시면, drunk가 되는 거죠. 영국 보건교육위원회는 70년대 보건 캠페인에서 이 점을 활용합니다. '술 한 잔(a drink)이야 좋아하지만 고주망태(a drunk)는 좋아하지 않는다'며 적당한 음주를 권하는 카피. everybody(모두)와 nobody(아무도), drink(술 한 잔)와 drunk(고주망태)처럼 비슷하면서도 뜻은 반대인 단어 조합이 읽는 재미를 더합니다.

No.197

우유긴 한데, 사람용 우유야

IT'S LIKE MILK, BUT MADE FOR HUMANS

Oatly (2021)

★★★★★

미국은 대체 우유 시장이 활발합니다. 두유, 아몬드 우유, 귀리로 만든 오트 밀크까지 선택지가 다양하죠. 그중 오틀리는 미국의 대표적인 오트 밀크 브랜드로, '왜 일반 우유 대신 오트 밀크를 마셔야만 하는지'를 패키지 곳곳에 적어둔 패키지 디자인으로도 유명합니다. 카피 속 '오트 밀크야말로 사람을 위한 것(made for humans)'이라는 카피는, 거꾸로 해석하면 '일반 소 우유는 송아지를 위한 것'이라는 다소 강한 메시지가 됩니다. 오틀리를 단순히 우유를 '대체하는' 제품이 아닌, 기존 우유 산업에 '맞서는' 새로운 음료 카테고리로 선포하고 있죠.

No.198

소파에 누워 있을 거면, 점수라도 따세요

IF YOU'RE GOING TO LIE ON THE COUCH, AT LEAST KEEP SCORE

Sony Playstation (1998)

★★★★★

꼼짝도 하지 않고 소파에 누워 TV만 보는 게으른 사람을 couch potato★라고 부릅니다. 소니 플레이스테이션 광고는 그런 사람들에게 의외의 제안을 합니다. 그렇게 '소파에 누워만 있을 거라면, 차라리 (플레이스테이션으로) 점수라도 따봐'라는 거죠. at least는 '적어도', '최소한'이란 뜻이고, keep score는 '점수를 세다', '유지하다'라는 말입니다. 누워만 있어도 게임을 하면 생산적일 수 있다는 재미있는 발상. 플레이스테이션은 손가락만 움직여 조이스틱을 컨트롤하면 손쉽게 플레이가 가능한 점까지도 부각해줍니다.

★ 직역하면 '소파 위 감자'이지만 '게으른 사람'이라는 의미로 사용됩니다.

No.199

썸은 불안해도, 잔스포츠는 든든해

STRONGER THAN YOUR SITUATIONSHIPS

Jansport (2024)

★★★★★

We're in a relationship.은 서로 '특별한 사이'라는 뜻입니다. 그런데 요즘 미국 젊은이들에겐 가벼운 만남도 흔하다 보니 situation(상황)과 relationship(연애)을 결합한 신조어인 situationship이라는 표현도 종종 씁니다. '상황 따라 하고 마는 연애', 즉 '애매한 관계' 또는 '썸'이라는 뜻이죠. 광고 속 잔스포츠 가방을 끌어안은 여학생, 이렇게 믿음직한 가방 같은 남자 어디 없냐고 노래합니다. 젊은 세대들의 감수성을 담은 단어를 활용하며, 매일 당신 곁을 지키는 '튼튼한' 잔스포츠 책가방이야말로 애매한 썸남보다 더 '믿음직스럽다'는 유머를 전합니다.

No.200

여보, 여드름이 줄었어요

HONEY, I SHRUNK THE ZITS

Burt's Bees (2009)

★★★★★

어느 날, 남편이 "여보, 내가 애들을 조그맣게 만들어버렸어"라고 말하면 얼마나 어처구니없을까요. 미국의 유명한 가족 영화 〈Honey, I Shrunk the Kids(애들이 줄었어요)〉는 아빠가 발명 실수로 아이들을 개미처럼 작게 줄여버리며 벌어지는 소동을 담습니다. 미국 화장품 브랜드 버츠비는 이 영화 제목 속 kids를 zits(여드름)로 바꿔 여드름을 관리해주는 화장품 라인을 소개합니다. 벌꿀을 핵심 원료로 사용하는 브랜드 버츠비(bee). 이 꿀(honey)과 영화 제목 속 미국인들이 애칭으로 서로를 부를 때 사용하는 '허니(honey)'가 동일한 점도 재미있습니다.

큐레이팅 김은수

초·중·고등학교를 한국과 미국에서 보내며 두 언어와 두 문화를 자연스럽게 익혔다. 고려대학교에서 국제학과 경영학을 전공한 뒤 제일기획에서 삼성전자의 글로벌 광고를 기획했고, 아모레퍼시픽에서 브랜드 커뮤니케이션과 신사업 개발을 담당했다. 현재 미국 LA에 거주하며 한국 브랜드의 로컬라이제이션과 번역을 돕고 있으며, 영어 교육과 글쓰기로 작업의 영역을 넓혀가고 있다.

'좋은 글이 사람을 잇는다'는 믿음으로 오랜 시간 큐레이팅해온 카피를 이번 책에 담았다. 독자들이 미국에서 살아남은 영어 카피에서 메시지를 발견하고 자신의 언어로 즐길 수 있기를 바라는 마음으로 이 책을 집필했다.

웹사이트 www.pacificwordshop.com
인스타그램 · 브런치 @pacificwordshop

감수 김민경

미국과 한국에서 광고·엔터테인먼트 분야의 경험을 쌓은 커뮤니케이션 전문가. 미국 RPA, Viacom, MTV 등에서 광고 및 스폰서십 업무를 수행했으며, 주한미국상공회의소에서 마케팅을 담당했다. 고려대학교에서 영어영문학 학사, 카네기멜론대학교에서 엔터테인먼트 산업 매니지먼트 석사를 취득했으며, 현재는 YG엔터테인먼트에서 글로벌 비즈니스 영업개발을 맡고 있다.

감수 라이언 박

한국에서 영어를 가르치던 바쁜 삶을 뒤로하고, 월든 호수가 있는 미국 매사추세츠의 한 작은 도서관에서 일하며 그림을 그리고 영어책을 집필하고 있다. 저서로는 《디즈니·픽사 베스트 컬렉션 - 주토피아, 인사이드 아웃, 소울, 모아나》(길벗이지톡) 외 다수가 있다.

영어 명카피 핸드북

English Copywriting Handbook

초판 1쇄 발행	2025년 12월 25일
지은이	김은수
발행인	이종원
발행처	(주)도서출판 길벗
브랜드	길벗이지톡
출판사 등록일	1990년 12월 24일
주소	서울시 마포구 월드컵로 10길 56(서교동)
대표 전화	02)332-0931
팩스	02)323-0586
홈페이지	www.gilbut.co.kr
이메일	eztok@gilbut.co.kr
기획 및 책임편집	김지영(jiy7409@gilbut.co.kr)
디자인	강은경
제작	이준호, 손일순, 이진혁
마케팅	차명환, 장봉석, 최소영
영업관리	김명자, 심선숙
독자지원	윤정아
감수	김민경, 라이언 박
교정교열	안현진
전산편집	김수진
CTP 출력 및 인쇄	상지사
제본	상지사

· 길벗이지톡은 (주)도서출판 길벗의 성인어학서 출판 브랜드입니다.
· 이 책은 저작권법의 보호를 받는 저작물로 이 책에 실린 모든 내용, 디자인, 이미지, 편집 구성은 허락 없이 복제하거나 다른 매체에 옮겨 실을 수 없습니다.
· 인공지능(AI) 기술 또는 시스템을 훈련하기 위해 이 책의 전체 내용은 물론 일부 문장도 사용하는 것을 금지합니다.
· 잘못 만든 책은 구입한 서점에서 바꿔 드립니다.
· 책 내용에 대한 문의는 길벗 홈페이지(www.gilbut.co.kr) 고객센터에 올려 주세요.

©김은수, 2025

ISBN 979-11-407-1719-4 03740 (길벗 도서번호 301236)

가격: 18,000원

값 18,000원

ISBN 979-11-407-1719-4 03740